大学英语课程
育人探索与实践研究

胡 维 ◎ 著

吉林出版集团股份有限公司

图书在版编目（CIP）数据

大学英语课程育人探索与实践研究 / 胡维著. — 长春：吉林出版集团股份有限公司，2022.9
ISBN 978-7-5731-1959-9

Ⅰ．①大… Ⅱ．①胡… Ⅲ．①英语－教学研究－高等学校 Ⅳ．①H319.3

中国版本图书馆 CIP 数据核字（2022）第 157911 号

大学英语课程育人探索与实践研究

著　　者	胡　维
责任编辑	郭亚维
封面设计	林　吉
开　　本	787mm×1092mm　　1/16
字　　数	210 千
印　　张	9.25
版　　次	2022 年 9 月第 1 版
印　　次	2022 年 9 月第 1 次印刷
出版发行	吉林出版集团股份有限公司
电　　话	总编办：010-63109269
	发行部：010-63109269
印　　刷	北京宝莲鸿图科技有限公司

ISBN 978-7-5731-1959-9　　　　　　　　　　　　　　定价：68.00 元

版权所有　侵权必究

前　言

"课程思政"是为了确保大学教学所有思想政治教育工作的顺利展开，并为实现课堂育人功能提供保障必须要有的举措。而大学英语课程从时间跨度和数量上几乎贯穿于整个大学课程教学。通过对大学英语实施"课程思政"的意义和存在问题等进行研究探讨，为大学英语教学中的"课程思政"提供一些有效的实施策略以供借鉴。

显而易见，由于当下大学生政治思想教育工作依然很大程度上依赖于传统的思政课程教学，而就目前的大学英语教学"课程思政教育"的实际形势来看，如果想要降低大学英语"课程思政"脱轨于当下社会对大学生教育要求的可能，就必须从变革和改进其教学方式方法着手。因此对"课程思政"的教育方式进行创新——用"将鸡蛋放在多个篮子里"的方式，实现思想政治教育全方位、立体式融入各个学科成了必走之路。也就是说，对于在大学课程中占据重要比例的大学英语这个环节来说，应适当地加入"课程思政"的内容，以求实现在该课程学习中学生能够潜移默化地接受思想政治教育并受其影响的目的。

教材是大学英语教师顺利开展英语教学活动的重要保障。而就目前英语教材中方文化元素远少于西方的现状来看，我们必须走通过科学合理地重新编排和设置现有教材，实现教材中中国元素与西方元素的所占比例平衡的道路，这就需要适当性添加一些能够体现中国传统文化、反映中国特色阅读性的教材内容。而在调整大学生英语课程设置上，最好要在常规性的英语课程设置之外添加一些能够拓宽学生英语知识视野的公共课内容，如一些具有民族特色的内容，并借此增强学生的爱国情怀和家国意识。另外在信息技术高度发达的现代社会，不能够忽视电子科技对大学生学习所能够提供的帮助，如为大学生提供更多获取信息的渠道及相关的学习资源等。在对教材进行合理设置和更新时，要以提升其思辨能力为基础要求增强他们选择分析海量的信息中真实有用信息的能力，以应对网络信息中的西方文化对大学生思想观念等的过度冲击。

从当前的大学教育实际不难看出通过英语课堂教学将思想政治教育与英语教育进行融合是将"课程思政"融入大学英语中的最有效方式。教师要做到通过灵活的教学方式对传统英语教学模式进行改革，以求实现思想政治教育更好地融入日常英语教学的目的，如在讲到欧美的政治体制和经济体制相关内容时，教师可以让学生通过对我国的政治经济体制的了解和学习找到二者之间的区别并举出相关的实际日常生活中可见的例子，可以是小故事也可以是从书本上看到或了解到的生活实例。在这个过程中学生必然主动对本国的相关内容进行了解和客观分析。这不仅能够帮助学生拓宽自己的英语知识视野，也能够进一步激发学生主动了解本国政治经济体制等相关知识的兴趣，以此实现大学英语教学和思想政治教育的融合，使大学生的思想政治意识得到进一步强化，以奠定学生将来投身于社会主义现代化建设的基础。

目 录

第一章 大学英语课程体系建设的理论研究 ………………………………… 1
第一节 模块化大学英语课程体系建设 ………………………………… 1
第二节 合作模式下 ESP 大学英语课程体系建设 …………………… 6
第三节 分层教学下的大学英语课程体系建设 ……………………… 9
第四节 大学英语网络在线课程体系的建设 ………………………… 12
第五节 大学英语隐性课程体系建设 ………………………………… 16
第六节 应用型大学英语口语课程体系建设 ………………………… 18

第二章 英语新课程资源开发与课程优化 ………………………………… 22
第一节 英语新课程资源开发原则 …………………………………… 22
第二节 英语新课程资源开发途径 …………………………………… 24
第三节 英语课程优化的理念 ………………………………………… 30
第四节 英语课程的目标体系优化 …………………………………… 31
第五节 英语课程优化与英语教师智能结构的建构 ………………… 36

第三章 大学英语课程思政实践研究 ……………………………………… 41
第一节 课程思政在大学英语教学中的价值与实践 ………………… 41
第二节 大学英语"课程思政"教育元素挖掘实践 ………………… 46
第三节 文化自信与大学英语课程思政教学实践 …………………… 54
第四节 自建语料库的校本特色大学英语课程思政实践 …………… 59
第五节 课程思政在新时代大学英语视听说课堂中的实践 ………… 64
第六节 远程英语教学课程思政的内涵指向及实践 ………………… 68
第七节 大思政背景下英语翻译课程思政实践 ……………………… 75

第四章 大学英语课程育人探索 …………………………………………… 80
第一节 课程思政与大学英语课程育人 ……………………………… 80

第二节	教育生态学与大学英语课程育人	84
第三节	产出导向法与大学英语课程育人	87
第四节	大学英语"课程思政"育人体系路径	91
第五节	"三全育人"下课程思政在大学英语教学	95

第五章 大学英语课程育人创新研究 ··· 100

第一节	文化自信视角下大学英语育人功能	100
第二节	产出导向法在大学英语写作中的育人教育	103
第三节	依托学习任务的"大学英语"课程思政	107
第四节	大学英语听说课程中"课程思政"融入	111

第六章 大学英语课程育人实践 ··· 116

第一节	课程思政育人与大学英语混合式教学	116
第二节	全方位育人与大学英语"课程思政"教学	120
第三节	英语学科核心素养下的课程育人价值	122
第四节	协同育人：大学英语"课程思政"教学	126
第五节	高职英语"课程育人"的三重内涵	129
第六节	"课程思政"融入大学英语课程教学路径	134

参考文献 ··· 139

第一章 大学英语课程体系建设的理论研究

第一节 模块化大学英语课程体系建设

外语在高等教育国际化战略中的重要作用，决定了外语教育在通识课程体系中的重要地位。大学英语课程体系是通识教育课程体系中的重要组成部分。在校本通识教育模块化课程体系框架中进行探索和改革，建设符合本校人才培养目标的大学英语课程体系势在必行。

2012年7月，在教育部第一期高等学校大学英语青年骨干教师高级研修班上，来自全国53所高校的200余名学者和一线教师从理论到实践，共同交流如何建设有中国特色的大学英语课程体系。王守仁教授指出，大学英语课程设置应具有两个"三三制"特点：第一是在教学内容上，大学英语应由普通英语（English for general purposes）、专门用途英语（English for specific purposes）和通识教育类英语（English for general education）三部分组成；第二是在教学定位上，大学英语教学应体现语言的工具性、人文性和专业性三种特征。余渭深教授指出，大学英语教育应结合人文性与工具性才能更好地提升学生的英语基础与应用能力；随着现代学习理论的不断更新，应当加深对大学课程设计、教育教学方法的认识，并在此基础上进行改革。此次研修班进一步确立大学英语兼具工具性和人文性的课程性质和课程定位，进一步强调了大学英语课程体系改革的重要性。

建设大学英语模块化课程体系，目的是通过大学英语模块化课程体系中各种不同分类和不同层次的教学，充分发掘大学英语课程丰富的人文内涵，真正实现其工具性和人文性的统一，培养学生学会用英语获得关联学科的相关信息的能力，拓宽国际视野、体会多元文化、提升思辨能力，培养学生具有厚重人文素养和跨文化交际能力，能在各行各业发挥领军作用，使学生成为既具有民族性又具有国际意识的优秀公民。

模块化大学英语课程包括通用英语和专门用途英语，专门用途英语又分为职场英语和学术英语，学术英语包括通用学术英语和专门学术英语。通用英语的教学目标是拓宽学生的国际视野，增加百科知识，培养学生跨文化交际能力和综合素养。专门用途英语的教学目标是增加专业知识，培养用英语进行专业交流的能力和学术素养；两类英语课程都可以提高学生应用英语的能力和思辨能力，两者不能完全互相替代，也不互相排斥。针对校本各大类专业人才培养需求和学生需求，可以对处于基础阶段、提高阶段、发展阶段的学生进行分类分层次教学，每个阶段都可以开设通用英语和专门用途英语，但侧重和比重不同，既培养学生的综合素养，又培养学生一定的学术素养。

一、确立针对性更强的大学英语教学目标

苏州大学外语部在校本通识教育模块化课程体系框架中，基于对国内外通识教育课程尤其是外语课程的改革与实施状况的调研，对本校发展战略目标和人才培养特色及学生需求、教师发展需求的调研，经过反复讨论和论证，创建体现苏州大学学科发展和人才培养特色的大学英语模块化课程体系，制定了培养具有综合文化素养、应用型、国际化创新人才的大学英语教学目标，致力于培养具有英语应用能力、高阶思维能力、跨文化交际能力的创新人才。在教学实践过程中，努力探索教学目标与课程设置和课程建设的有机契合。"高级英语口语""翻译与英语写作""跨文化交际""中国地方文化英语导读""影视英语""英语报刊选读"等课程是跨文化交际类课程模块的核心课程。

（一）"英语高级口语"课程教学目标

通过本课程训练，学生基本达到《大学英语课程教学要求》之"更高要求"所规定的英语口语能力，即用所掌握的基本语言知识，条理清晰、逻辑严谨地表达观点与思想。能就一般或专业性话题较为准确、流利地与英语国家人士对话或讨论，并能将对话或讨论有效地进行下去；能就个人目的或社会交际目的灵活、有效地使用英语表达自己的意念，如感情、意愿等；能用简要的语言概括较长、语言稍难的文章或讲话，并能对某一题目给出较长的解释或说明；能在学术会议或专业交流中较为自如地表达自己的观点和看法，做到重点突出、内容完整、语言流畅。

（二）"写作与翻译"课程教学目标

旨在通过向学生介绍中西思维差异、英汉互译（特别是汉译英）技巧，以及进行英语写作方面的规范指导，使其克服母语的负迁移，在中英互译上努力达到"信"和"达"的标准；在英语写作方面能够发现新视角，用规范的文体，通顺、流畅、准确的语言介绍情况，表达自己的情感和观点，为今后的继续学习或工作打好英语文字功底。

（三）"跨文化交际"课程教学目标

根据教育部《大学英语课程教学要求》精神，本课程属"语言应用类"和"语言文化类"课程，为已基本完成"综合英语类"课程学习的同学而开设。本课程传授英语语言国家的文化，展示其独特的社会风貌，揭示中西方文化在语言交际、非语言交际、生活方式、行为方式、思维方式、价值观念、文化取向、社会规范、伦理道德、宗教信仰等方面存在的同一性，对比其差异性，使学生在对异域文化的了解中加深对其语言现象及其文化蕴涵的理解和领悟，提高跨文化交际敏感性，培养跨文化交际能力，能用英语与不同文化背景

的人们进行得体、有效的交际，做合格的地球村民。

（四）"中国地方文化英语导读"课程教学目标

本课程旨在完善学生对中华民族文化和地方文化的英语认知建构，提升人文素养，提高英语综合应用能力和跨文化交际能力，提升毕业生在区域社会发展中的竞争力和社会适应能力。

（五）"影视英语"课程教学目标

本课程旨在以英语影片为媒介，文化学习与语言学习同步进行，帮助学生在了解西方文化的同时提高听说读写的综合技能和人文素养，成为具有国际视野和跨文化交际能力的新时代大学生。

（六）"英语报刊选读"课程教学目标

"英语报刊选读"课程作为一门应用课程，旨在提高学生的英语阅读能力和应用能力，开拓学生的知识视野，培养学生的思辨能力和获取信息及分析资料的能力，激发学生课外自主学习的兴趣。

二、建设校本特色的大学英语课程体系

依据学校本科人才培养新方案，在公共基础课程和通识教育课程两个平台上，优化大学英语类课程设置：（1）继续建设好传统的通用英语课程模块，包括"大学英语"一级至四级；（2）重点建设好跨文化交际类课程模块，包括"跨文化交际""中国地方文化英语导读""英语报刊选读""影视英语""翻译与英语写作""英语高级口语"等课程；（3）探索创设个性化专门用途英语类课程模块：针对唐文治书院、医学部、材料与化学化工学部、音乐学院、数学科学学院、文学院、能源学院、敬文书院等院部学科专业特色人才培养目标，制订个性化大学英语课程方案。

三、优化以学生为本的教学模式

遵循外语教学科学规律，在以"学习体验充盈化、教学资源多元化、教学成效生态化"为核心的教学模式上有新突破。践行反思实践型、教研结合型英语教学。提高了教学内容的真实性、教学评估的合理性，实践英语教学输入与输出多模态化，语言形式教学与意义交流并重化、课堂内外语言实践与应用融合化，营造了互动性、直观性、体验性的教学氛围，以教学模式的改革提高了英语教学的有效性。有效提高英语应用能力、多维思辨能力、东西方文化传播能力、跨文化交际能力，为今后的职业发展和国际交流夯实英语应用基础。

满足学生英语学习的个性化需求及部分专业的人才培养个性化需求。在创建个性化英语课程模块方面取得了突破性的成果。根据医学部、唐文治书院、数学科学学院、材料与化学化工学部不同院系的专业需要，以及学生的个性发展需求，制定了多层次、多元化的

教学目标。音乐学院的教学目标从抽象程度最低的套语开始，学生需要了解套语的语源、内涵和隐喻概念，形成有效的语言学习和思维方式。医学部、唐文治书院、数学科学学院、材料与化学化工学部的教学目标从抽象程度不高的低域模式开始，以构式原型义为起点，逐步输入延展义的实例，引导学生依据原型义进行推理并拓展。从特殊到一般概括构式，培养学生的抽象思维及概括构式的能力，再从一般到特殊扩展构式，培养学生创造性地使用目标构式的能力。积极探索并创新教学模式，以高频偏态输入为教学内容，旨在充分开发这些优质英语资源的潜能，以满足国家对高端外语人才培养的需求。以通用英语和学科知识教学中的自然语料为出发点，通过向学生提供某一构式的多个实例，进行高频偏态输入，然后结合自身认知基础，引导学生去发现该构式的意义、构建具有能产性的图示、提高概括规律的能力，并在产出语言时使用这种能力。

四、建设多模态英语教学环境

优化和共享多模态教学资源，有效促进模块化课程体系建设质量的提高。营造信息充盈、情感充盈、情景充实、介质多元的多模态教学环境，以文字、图片、音频、视频等多介质的语料丰富传统纸质教材的单一介质，创建、整合、优化具有实用性、交互性、模块化的教学资源，最大限度地满足学生个性化学习需求，从时间和空间便捷学生在多模态英语学习语境中实现信息和思想的交流。模块化课程体系中的5门核心课程获第三批国家级精品资源共享课立项，于2014年通过教育部"爱课程"网站向全社会开放，为个性化学习搭建了优质的教学资源平台。

创建校本特色的苏大英语在线等网站，并成功将其拓展为移动终端版本，方便学生使用与课程学习有关的资源，方便学生相互交流学习成果与心得。不断完善国家精品资源共享课网站，共享教学录像、教学单元配套PPT课件、资源导航、媒介素材和课程拓展资源，为个性化学习、多途径应用搭建了优质教学资源平台。在应用新信息技术方面与时俱进，配合模块化课程体系建设，成立教师微课制作团队，着手制作与跨文化类课程、个性化专业类英语课程有关的微课，帮助学生有效学习相关课程的重点知识、难点知识、掌握重要的英语听说读写技能。

五、以教师专业化发展推动模块化课程创新与建设

聚焦师生创新能力的共同提高，重视教师的专业化发展。以课程群建设为核心、以学术内涵建设为支撑，构建专家引领型、专长互补型、教学反思型、教研结合型教学团队共14个，以研讨会、作坊、新课程启动会、互联网虚拟社群等途径，构建合作型的教师教研实践共同体。大学英语模块化课程体系的创新要紧紧依靠教师的专业化发展，强化实践反思，采取各种激励措施，激发反思意识、催化反思行为、提高反思能力，以教师专业发展来创新课程设计和课程教学。

首先在宏观层面上，通过专题报告、专家讲座和定期研讨等形式，组织教师贯彻教育部大学英语课程教学改革和精品课程/精品资源共享课建设精神，学习国内外二语习得等与大学英语教学相关的理论和研究成果，客观分析地方性高校大学英语课程教学的状况，积极反思传统大学英语课程教学实践的得失，努力探索大学英语课程教学可持续发展之路。教育政策系统学习、教学实践对照反思、学术理论实践探索使大学英语教师深刻认识传统大学英语课程在教学目标、课程设置等方面与现代教学需求之间存在的不足，个性化校本课程特色建设是大学英语课程建设的发展动力。思想高度统一后，我们确定了地方性高校大学英语课程教学目标：以提升学生英语综合应用能力为中心，积极发展思辨能力和跨文化交际能力，服务区域社会经济建设和文化事业的发展。为实现提高学生英语综合应用能力这个中心目标，应改革大学英语课程设置，不断增设"英语写作与翻译""英语高级口语""英语影视欣赏""跨文化交际""中国地方文化英语导读"等应用、文化类课程，积极创建"大学英语应用类课程"体系。反思促进了大学英语课程教学目标、课程设置的及时调整，同时又为教师进一步反思教学实践明确了范畴。

在微观层面上，一方面通过听课交流、评价反馈、学术培训、在职进修等措施，精神鼓励和定量要求相结合，引导教师就教学理念、教学态度、教学内容、教学过程、教学评价、教学效果等方面进行自觉能动的反思、总结得失、规划发展。反思有力地帮助了教师改进教学过程、提高教学效果。在模块化课程的创新建设过程中，有众多的教师由于其出色的教学而获得校级及以上单项和综合奖励。另一方面，鼓励教师研究教学实践，努力从事与自己教学实践相关的研究，包括教学内容和教学方式的研究，在难点攻关、资源拓展、团队建设、课题研究等方面，将遇到的实际教学问题转变为可能的学术研究问题或课题项目，以期用学术理论和研究成果去指导教学实践。在跨文化交际类、个性化课程方案的设计和实施过程中，开展相关的教改研究项目，出版教材，发表教学研究论文，并及时将教改的成果与全国同行交流。

本模块化大学英语课程体系针对全校3届5个校区16000多名学生，2年内为全校4000多名学生开设多门应用、文化类大学英语课程。"英语报刊选读"课程有效提高了学生在多元语境下进行信息检索、分析、判断、评价等信息处理和资源整合的媒介素养；"英语影视欣赏"课程借助英语影视声光影等综合艺术这一特殊媒体，充分运用图像文字相结合，激发学生学习动机，使学生多角度、全方位获取文化信息，培养立体思维；"翻译与写作"课程鼓励学生借助互联网整合写作素材，结合学科发展动向，将写作能力的提高与学科知识的积累和信息技术能力的提高相结合，提高学生写作兴趣；"中国地方文化英语导读"课程通过中外学生合作学习、课外文化讲座、文化探访体验等方式，全方位充盈学生的文化体验。

建设模块化课程体系旨在为学校和社会培养具有高阶思维能力、综合文化素养、跨文化交际能力的高素质、应用型、国际化新人才。经过2年的教学实践，学生踊跃创新实践，增强了创新竞争力。2年内学生获国家、省级大学生创新实践项目30多项；学生志愿者服务苏州地方重大国际会议；每年100多名学生参加校级、省级、国家级的英语演讲比赛、英语辩论赛、英语写作比赛、英语阅读比赛，获得10余个省级和国家级奖项。近200名学生在《苏州日报》"英文周刊"、校级英文报纸"*College English Plus*"、校级英文写作期刊"*Fun with Writing*"上发表英文作品。

模块化大学英语课程体系的改革和建设为提高本校英语教学效果和教学质量做出了重要贡献。但是，需要进一步完善校本公共基础类英语课程模块、通识类英语课程模块、专门用途英语课程三大模块的相互衔接机制，需要进一步探索针对学生学科专业学习需求的专门用途英语课程建设、进一步探索大学英语教师可持续性发展路径，提高教学研究能力，促进教学效果取得更大提高。

第二节 合作模式下 ESP 大学英语课程体系建设

基于 ESP 的大学英语课程体系仅靠学生与教师的个体力量是无法实现的，这就要求语言教师与专业教师、教师与学生之间、学校与企业之间及国内外院校之间形成多维度的合作关系，共同参与 ESP 课程教学，共同解决语言、专业、教学、实践等各种问题。

一、语言教师与专业教师的合作

ESP 的教学质量与教师质量紧密相关，而语言能力过硬、专业知识体系又相对完备的教师还比较少，为了解决这一问题，语言教师与专业教师之间的对话、合作及分享就成了必然。其实这种教学模式，在国内外都已有先例。根据国内大学英语 ESP 教学现状，语言教师与专业教师的合作可以体现在以下四个方面。

（一）大纲制定

基于 ESP 的大学英语课程大纲是以培养学生在专业语域下的语言能力为重点的大纲。语言教师与专业教师可以结合本校专业特色共同分析本校学生的学习需求，确定学生的学习目标，并在此基础上共同制定教学大纲。语言教师可以通过查阅学生的专业教材，对该领域的知识有一个初步的认知，再由专业教师协助确定教学目标、教学内容，设计教学过程、提供参考书目等。

（二）教材编写

教材在语言学习和教学过程中意义重大，可目前高校各专业 ESP 教材的质量却是良莠不齐的，存在很多问题。部分教材一味强调语言的应用，无法满足学生对专业知识的需求；还有的教材虽然重视专业知识体系的建构，但却不符合语言教学的习惯和模式。这就需要在教材编写的团队中既要有语言教师又要有专业教师。这二者需要在需求分析、教材评价、材料选择、任务设计、教材评估等教材编写环节进行沟通协作。

（三）合作教学

合作教学（co-teaching），又称团队教学（team teaching）和协同教学（cooperative teaching）。合作教学指两位或多位教师同时在一个课堂上以合作的方式，就某一单元、某一领域或主题联合开展课堂教学活动的一种模式。语言教师与专业教师可以在 ESP 课堂中进行合作，共同担任同一门 ESP 课程的教学工作，打破传统课堂"一课一师"的教学模式。语言教师与专业教师各有所长，让语言技能与专业知识能够在一堂课上得到融合和补充，让学生的学习视角更加开阔。

（四）课程考核

普通英语测试侧重的是语言能力的考核，而在 ESP 课程考核中，测试内容要与真实情景相关联，不仅测试语言水平，还会涉及相关的专业知识。语言教师与专业教师需要共同把握考核测试的难度，还要根据专业学科的不同特点，以需求分析为导向进行不同侧面的评价。

二、教师与学生之间的合作

长期以来，大学英语课堂基本上是教师的一言堂，学生在课堂上的参与度不高，学习较为被动，学习效果则是事倍功半。而 ESP 课程是以学生需求为导向的课程，教师应该根据学生学习英语的目的来确定教学内容和教学模式，因此，学生在整个教学环节的地位必须得到突显，学生与教师之间的互动合作无论是在课前、课中还是课后都显得尤为关键。

（一）课前——师生合作备课

叶澜教授曾提出，"让课堂焕发出生命活力"并不是要求把教学工作聚焦于课堂之上，这种生命活力的焕发来源于课前充分的准备。因此，ESP 课程的备课环节亦需要有学生的参与。课前，学生可以把自己对于整门课的预期（包括重点、难点和学习方式）汇总给教师，让教师对学生的学习需求有一个大概的了解，并根据汇总信息对授课计划做出调整，调整后的授课计划还要反馈给学生，让学生在课前做到心中有数。而且，从情感上来讲，让学生参与备课，是对学生的一种肯定和认同，可以激发学生学习的积极性和主动性。

（二）课上——师生共同参与任务及讨论环节

在当前这样一个知识更新周期日趋缩短的时代里，无论教师还是学生，都应该不断学习，不断更新自己的知识体系。因此，课堂里教师与学生也应该是平等的、共同参与的关系。ESP 课程尤为如此，因为 ESP 课程旨在培养学生在特定工作环境下运用英语进行交际的能力，具有显著的实用性和行业特色。而能力的培养不是简单的"输入—输出"模式能够实现的，学生需要在师生相互依赖、信任的氛围中，通过面对面促进性的互动最终将知识内化成能力。师生在课堂上可以采用多样化的合作模式，如自由讨论、共同完成任务及小组活动等。

（三）课后——师生共同进行课后反思及生生、自我评估、师生互评的评价体系

在一个模块或者一个章节结束后，教师与学生应该就这一部分出现的问题共同进行反思并总结得失。教师与学生视角的不同会让反思更加全面和细致。

教师与学生的合作也应该在教学评价中有所体现，其形式可以包括生生互评、自我评估及师生互评。值得一提的是，传统课堂的课堂评价一般是教师对学生的单向性评价，而学生对教师的评价多流于形式。然而，从学生视角评判教师的教学组织活动往往会让今后的教学工作更具有针对性和目的性。

三、学校与企业之间的合作

ESP课程与特定领域紧密相关，强调了知识的实用性和目的性，因此，学校可以与对口企业联手打造教学平台，在师资培训、共同授课方面建立互惠互利的合作关系。

（一）师资培训

ESP课程是英语教学课程，其教学目的是为了培养学生在专业领域内的语言意识及语言英语的能力。因此，ESP课程应由语言教师教授。但是语言教师在专业知识上的欠缺致使具有资质的ESP教师的数量严重不足，而这恐怕也是国内高校在开设ESP课程时面临的最大难题了。所以，学校可以对学习能力强的英语教师进行培训，而培训形式除了在校旁听专业课程，还可以联系相关企业，让教师能深入其中，切实了解行业发展需求并学习专业知识。企业协助学校培训教师的模式亦可以多样化，如提供咨询服务（企业为ESP教师提供相咨询服务，使教师及时、动态地了解行业发展）、专题培训、挂职锻炼等。

（二）共同授课

建立校内ESP专职教师与企业兼职教师相结合的授课模式。授课前，高校教师和企业教师在共同商讨的基础上决定学习任务安排、教学计划及考核标准。授课时，在理论教学环节，高校ESP教师可以起到主导作用，企业兼职教师可以以定期讲座的形式对教学内容进行扩展和补充；在实践环节，企业兼职教师可以起到主导的作用，并根据学校教学目标与学习教学计划提供相应场地或技术支持。ESP教师与企业兼职教师在教学中的合作不要求双方的知识建构在同一层次上，二者在教学理念、知识背景等方面的差异性、互补性使得他们的教学不能完全割离，而这也正体现了Gray动态合作理论的本质。

四、国内院校与国外院校之间的合作

2003年国家颁布的《中华人民共和国中外合作办学条例》指出中外合作办学是中国教育事业的组成部分，国家鼓励在高等教育、职业教育领域开展中外合作办学，鼓励中国高等教育机构与外国知名的高等教育机构合作办学。2010年，国家颁布的《国家中长期

教育改革和发展规划纲要（2010—2020）》也提出，要进一步扩大教育开放，广泛开展国际合作与教育服务。这两个文件为中外合作开设 ESP 课程提供了政策上的支持。

再从 ESP 课程的起源来看，ESP 这一概念起源于西方国家。20 世纪 60 年代后期，Halliday 在 *The Linguistic Sciences and Language Teaching* 中提到了 ESP 的概念；1969 年，Ewer 和 Laterre 出版了《基础科技英语教程》。因此，20 世纪 60 年代末算是 ESP 教学的开端。自此之后，有关 ESP 的论著层出不穷，而且在国外很多大学和教育机构，ESP 课程构成了母语为非英语者的英语课程主体，课程开发趋于丰富和立体化。从这个角度来看，国外 ESP 教学经验相对丰富，教学体系相对成熟。因此，我们有必要在教材编订、教学大纲制定、课程设置、师资培训等方面向国外 ESP 教学单位借鉴和学习。

当然，虽然国外 ESP 教学的课程体系完善，我们绝不能照搬照抄。ESP 教学的本质内容就是要满足行业发展及学生个人发展的实际需要，因此，我们要结合本国、本校、本行业的实际情况，制订切实可行的教学方案。

第三节 分层教学下的大学英语课程体系建设

进入新的世纪，大学英语改革呼之欲出。在高考英语变革、评价手段多元化的大背景下，大学英语改革势在必行。从基础英语教育阶段的通识英语，逐渐过渡到与大学课程、专业密切相关的专门用途英语、学术英语，逐渐成为发展的主流。

一、大学英语课程教学分层现状与动因

大学英语课程体系是衔接义务教育阶段的通识英语，服务于大学生日益多元的国际化需求。当前，总体来说，高中毕业生的听说读写等综合应用能力有了极大的提升。具体体现在各高校的四、六级通过率稳步提高。通识英语教育越来越不能满足高校不断上升的语言学习的需求。英语从基础的语言学习上升到了学科工具。各高校陆续开设了专业英语课程。众多大学英语课堂也将 ESP（专门用途英语）引入。英语教学从小众的专业英语逐渐走向受众较多的专业课程教学。

新的《大学英语课程教学要求》中，将分层教学、因材施教纳入了大学英语课程的新体系。在要求中明确将学术英语、专门用途英语与跨文化交际的内容写入大学英语教学的必修内容。这从理论上确定了大学英语教育区别于以往的通识基础教学。

在英语教育质的提升的内因促动及教育主管部门改革激励的外因二元作用下，各高校陆续将分级教学、专业对口列为课程体系建设的新的方向。

在具体的实践中，多数高校按照所设学院、专业分别开设若干课程，以期满足英语与专业的对接。此方案的好处是能较容易对大学生进行自然属性的分类，较容易安排师资、

教材等教学资源。此外按专业方向分类，能较好地体现学校的发展方向，保持优势学科的前瞻性，有利于学科的进步。同时，细分的原则使得学科门类齐全，促进专业的深度发展。

二、分层教学的课程体系面临新的挑战

（一）分层教学对于师生的挑战

分层教学是教育多元化的必然选择。各高校生源地区差异明显；英语水平参差不齐；语言学习的动机和态度也大相径庭。根据不同的教学目标和教学效果，高校应按照学生的语言程度、学习积极性、专业发展划分为不同的类别，分别安排不同的教学内容，通过不同的教学手段，传递知识与信息，输出学习的理念，达到各自的学习目的，努力最大化实现学习效果。

在这个过程中，学校需要按照不同的分类合理配置教学资源。在总体师资和软硬件有限的情况下，做到面面俱到有极大的困难。同时，教师针对不同的授课群体需调整之前"千篇一律"的教学手段，合理有效地安排教学活动，这无疑加大了教师的课业负担。很容易出现备课内容成倍增加、课时零散杂乱、教学力量严重失衡等现象。

对于学生来说，分层教学加大了学生之间的水平分化。原本一致的评价体系在分层教学中受到了极大的冲击。在"学与得"之间学生面临两难。"最低要求""一般要求"还是"更高要求"，学生面临自主选择的困境。同时多元化的教学体系对于英语各方面水平不甚均衡的学生来说，面临巨大的困难，如何实现取长补短，脱颖而出，成为分层教学后学生最为关注的焦点。

此外，分层教学如何做到效率与公平的均衡，也是摆在师生面前的巨大挑战。分层教学关注了英语学习的优势与弱势群体，有利于优势群体的需求拓展，实现从通识课程向专门用途英语的转变。与此同时，由于地区发展不平衡、语言学习的差异性日益突出，个体英语水平差异明显，各项技能发展失衡。分层教学兼顾了英语弱势群体的基本需求。在社会对英语这项基本语言技能日益重视的今天，"分层教学、因材施教"无疑是课程体系建设的亮点。与此同时，如何更加公平合理地对学生进行客观的评价，尤其是两极群体的表现，这对课程体系的设定提出了较高的要求。

（二）分层教学对于高校管理者的挑战

分层教学意味着高校的管理者必须改变以往公共课程刻板呈现的做法，使他们必须将有限的教室、师资、软硬件等资源全天候地配置到大学英语课程体系之中。一方面，这等于加大了管理者分配、决策的难度，要想做到"螺蛳壳里做道场"，精益求精，就要求管理者、教师、学生三方面通力配合，实现正常教学任务的完成。另一方面，对于大学英语教育的理念必须进行调整。在以往的课程体系中，大学英语是单向性、同质化的，师生被动接受管理者所设定的课程框架，"依样画葫芦"，在这个过程中缺少规划者与执行者之间的交流互动。新的课程体系要求决策者在计划伊始满足学生的需求，倾听教学单位的思路，解决

分层教学的难题，这一过程始终是动态变化的。分层教学的成败，在很大程度上取决于管理者与师生三方的通力配合的好坏。

三、课程体系的调整措施

（一）动态分层体系的建立

在大学英语课程改革的过程中，多数高校采取了灵活多样的分层体系。首先可以根据学生的英语水平高低，划分为不同的基础班、提高班、精英班，以满足不同受众的语言接受水平。这种体系的好处在于，可以通过传统的语言测试手段，简单快捷的分层，师资配置也较为容易，可以最大限度地保留原有的课程体系的优点，对于决策者与管理者来说也较为容易接受。

其次可以按照学生的学习兴趣，将英语学习的教学内容分层，分别侧重于听说读写译的某个层面，促进学生语言技能的快速提升。这种分层的好处在于密切联系实际、符合学生所需，有利于实现学生兴趣的满足与积极性的提高。

再次可以按照学科发展的趋势，将通识基础课程过渡到通识学术英语，再进一步延伸至专门本用途英语甚至是专业英语课程。这种分层的优点在于，符合递进式的学习特点，能充分发挥大学英语课程工具性的功能，可以将大学英语从基础课程的限制中解放出去，做到与优势学科的交叉，提升英语教师的视野范围，服务于学校教研，促进学生的国际化思维，为对外交流打下坚实的基础。

最后可以按照学习习惯与授课特点的不同，将语言学习者划分为能动型、结合型和接受型等不同的种类，辅以课堂为主的传统型教学学习体系或者以自主学习、任务型等为主的学生主导型教学体系。这种分层的优势在于能够对接学生的日常学习，摆脱教师个人对整个学习过程的不利影响，使学生占据主动，随机应变。

（二）分层教学的课程体系的调整

分层教学下，大学英语在课程体系上必须做出相应的调整。首先，评价体系的统一与完善。在不分层的情况下，每一个学生个体在同一课程体系下，其表现主要依据主客观的标准予以评价，这种评价手段与评价结果容易得到师生的认可。在分层教学条件下，基础、提高、拔优等课程差别应在课程体系中予以体现，做到相对的合理与公平。分层教学不意味着分别教学，各教学方向还是一个密切相关的整体，因此在评价体系上既要体现分层的差异性，也要坚持整体的一致性，这对于课程体系的完善至关重要。

其次，分层教学课程体系必须倾听师生的诉求，尽可能地做到课程体系的完备。过多的分层意味着教学资源的分流，其最后的结果往往是学生达不到所预期的效果，教师为了过多的课程设置疲于奔命。过少的分层意味着牺牲了相当一部分学生的学习需求，这往往会挫伤学生学习的积极性。大一统的授课方式已经不能满足"更高需求"的学生，英语方面的后进生则很难迎头赶上，压力倍增。与此同时，教师也难以在快与慢、难与易、学与教之间灵活自如。

最后，分层教学课程体系必须满足国情，立足本校。不求全求新，一切以本校教学资源、师资力量、学科体系为依托，创建有本校特色的大学英语课程体系。在完成了通识英语阶段的任务后，如何衔接学术英语、通用专门英语，如何融入跨文化交际的内容，这是创建新的课程体系所必须解决的首要问题。

在新的《大学英语课程教学要求》"分类指导、因材施教"原则的指引下，各高校要积极完善分层教学的方案，设定符合本校的课程教学体系，深入大学英语改革，为社会培养具有"跨文化多学科"素质的有用人才。

第四节 大学英语网络在线课程体系的建设

传统的英语教学方式是以语法翻译为主的教学模式，该模式以教师讲解和传授语言为主，学生只能被动地接受知识。这样的课堂气氛沉闷，师生互动少，学生缺乏学习动力和兴趣。但时代变迁和社会发展却向学校教育提出了新的挑战——现代社会需要的是大批有实践能力的人才。显然，传统的教学模式已经无法满足现代社会对人才的需求。

随着信息技术的发展和网络课程的普遍开设，英语网络在线课程在大学课堂逐步推广开来，这不仅符合教育教学对教学模式的改革要求，而且能够提高大学生学习英语的效率。在此过程中，网络课程逐渐凸显出其优越性：不受时空限制，可以反复播放，方便学生随时随地学习，但这对学生自主学习能力的要求较高，即要求他们必须具备较强的自学自控能力。如何推进大学英语网络在线课程的建设，成为大学英语教师应该思考的问题。

一、大学英语网络在线课程的特点

（一）教学内容特色化

传统的教学受教学资源和教学设施的限制，教学环节较简单，教学内容缺乏个性和特色。而网络在线英语课程摆脱了时间和空间的限制，丰富了教学内容，教师可以根据需要自由选择教学材料，突出教学特色。网络在线课程的个性化教学内容能够充分满足教师差异化教学思路的需求。这样，大学英语网络在线课程既能缓解大学英语师资紧张的现状，又能为学生提供灵活方便的学习条件。

（二）视听说一体化

网络在线课程既有生动形象的课件引导学生学习，又有音频、视频等资料辅助学生理解所学知识。网络在线课程的多媒体化和信息化呈现方式实现了多样化的教学情境，提供了更为丰富的学习资源，最大限度地集视听说于一体，使表达信息的形式从听觉扩展到视觉，甚至嗅觉。

（三）全面及时的课外辅导

传统课堂主要通过答疑、辅导作业等方式完成辅导，一般在课中或课后进行，这样除不能及时解决学生对知识的疑虑外，还常使教学效果的检测滞后。而网络在线课程弥补了传统教学的不足，无论是课前、课中、课后都可以安排大量的时间让学生参与课堂练习，在充分的网络互动中进行辅导，这样将讲解教学内容和检查教学质量同时进行，有利于学生学习效果和教学效率的提高。

（四）课堂互动充足

应试教育影响下的传统英语课堂教学容量大，以教师灌输知识为主，师生间缺乏互动，且不能及时了解和掌握教学效果，学生也感觉课堂枯燥乏味，没有学习的欲望。而网络在线英语课程作为传统授课的补充方式，通过在线交流、发邮件、论坛讨论等途径，充分实现了师生互动，不仅延续了英语教学的时间和内容，同时也方便了英语教师对整个课堂的监控。

二、大学英语网络在线课程存在的问题

虽然在信息技术的推动下，网络教学已成为各科教学的主要手段，但是，从目前的实施情况来看，大学英语网络在线课程在推广的过程中依然存在很多问题。

（一）网络基础设施不足

网络在线课程对教学设施的要求较高，受学校资金投入和家庭经济等因素的影响，目前学校的教学设施无法满足全部学生的学习需要，且不是每个家庭都能为孩子配备电脑，这在一定程度上影响了网络在线课程的实施及大学英语教学质量的提高。同时，由于学生人数众多，网络访问量较大，也会出现网络中断、下载缓慢等问题。网络技术的问题在一定程度上也会影响学生学习的积极性。

（二）教学内容欠缺

从目前网络教学的内容来看，主要集中在专业性和商业性的语言训练上。大学期间，英语等级考试是衡量学生英语水平的一种外语水平考试，成绩的好坏对于学生的发展有一定的影响。网络在线课程对 CET-4、CET-6 方面的内容讲授较少，而这恰恰是大学生最需要学习的内容。另外，目前的大学英语网络在线课程只能看成是教材、辅导及音频的合成体，很多网络课程只是书本内容的简单数字化，教学内容大众化，忽视了教学环节中的情境设置及活动设计，严重忽视学生的个人兴趣和情感体验，网络课程内容无法深入体现英语的学科性质及学科特点，使得最终的网络在线课程缺乏丰富内容。大学英语网络在线课程在教学内容上的缺失和偏差是目前亟须解决的问题之一。

（三）课堂监管不完善

与传统课堂中师生面对面的教学相比，网络教学处于一种更为自由、灵活的状态，学

生完全依靠自制力完成学习过程，教师对学生无法实施有效的监控。在大学网络在线课程建立教学督导制度是教学质量监控体系的重要组成部分。但目前大学还没有制定相关的监管办法，网络在线课堂缺乏有效监管，这就给了学生投机取巧的机会，影响了大学英语网络在线课程的教学质量。

（四）课程建设缺乏明确的目的

我国目前的网络在线课程是在国家相关政策的推动下逐步展开的，很多学校所搞的网络在线教学仅仅是为了通过测验和考核，大多流于形式，而不是真正本着"以学生为中心，为学生发展服务"的教学理念进行的。网络在线课程建设的目的异化使得大学英语网络在线课程暴露出很多问题，课程开发扭曲了课程建设的目的和意图，如为了完成任务而开发，而非出于改革传统大学英语教学模式，导致大学英语网络课程的建设并没有真正缓解传统课堂教学的压力，没有发挥出相应的作用。另外，网络在线课程内容重复。出于竞争的目的，校与校之间、学院之间、教师之间缺乏教学上的合作，资源共享性差，这些使得大学英语网络在线课程不仅在内容上出现很多重复，而且缺乏个性和创新，这对于学校的网络资源来说是很大的浪费。

（五）缺乏健全的评价与反馈系统

评价和反馈是保障英语网络在线课程教学的质量和效率的关键手段，然而，从目前大学英语网络课程的实施现状来看，网络课程体系在实施的过程中缺乏健全有效的评价和反馈系统，大学英语网络在线课程的学习效果和效率无法得到保障。首先，从课程建设的评价来说，目前的大学缺乏对大学英语网络在线课程建设者的评价机制，没有将网络课堂的教学质量纳入具体的考核指标中，使得课程开发者没有提高质量的意识和动力。其次，从学生网络学习的效果来看，缺少具体的跟踪和记录，在课程建设的过程中忽略了学生对课程建设的意见，使得课程建设与学生实际需求相脱离，进而无法发挥英语网络在线课程的终极目的。

三、推动大学英语网络在线课程建设的措施

英语作为一门对听、说、读、写等能力要求都非常高的学科，仅靠教师的传授和讲解是不够的，学校必须为学生创设听、说、读、写活动训练的教学环境和教学设施。大学英语网络在线课程必须坚持以学生为中心，才能发挥具体的作用。如何推动大学英语网络在线课程的建设，笔者认为以下三点很重要。

（一）坚持以学生为中心，优化课堂结构

目前的大学英语网络在线课程过于注重形式结构而忽略实质性内容，然而，形式结构是网络在线课程的外部躯壳，实质性内容才是课堂教学最应该关注的问题是真正关系到网络教学的价值观念和价值取向，是解决大学英语网络在线课程问题的根本所在。因此，在

大学英语网络在线课程的建设中必须注重对实质性内容的优化设计。大学英语网络在线课程的安排既要重视加强对学生听、说、读、写能力的训练和培养，又要兼顾每个学生不同的知识接受能力；课程知识讲授的安排必须同时符合大学生身心发展的规律及英语的教育教学规律。只有这样，才能逐步在网络课程实践中优化英语教学的实质性内容，从而利于学生充分利用网络在线课程提高英语学习效率和质量。

（二）提供适合大学英语网络在线课程发展的制度环境

优良的学校规章制度是学校各项工作能够顺利进行的保障，如果失去制度的约束，那么整个教学工作就会变得散乱无序。大学英语网络在线课程之所以在实施中存在这样或那样的问题，主要原因之一就是制度不完善。所以，要保障大学英语网络在线课程的顺利实施，提高在线教学质量，就必须努力健全目前的教学制度。首先，要从制度上保障大学英语网络在线课程实施的人才、技术和设施等；其次，要改革和完善相应师生考评制度，使其与网络在线教学的要求相一致；最后，要在制度上保障学生对大学英语网络在线课程的参与权和评价权。大学的教育制度只有从以上几个方面进行改革和完善了，才有利于创造高效、完整的网络在线课程的实施环境。

（三）树立"以学生为本"的课程建设理念

课程建设理念是指引和支撑学校教学发展的重要因素，作为一种教学思想和教学精神深深融入教学工作的各个环节，课程建设理念会直接影响大学英语教学的形式和方式。因此，在大学英语教学改革中必须首先确立"以学生为本"的课程建设理念，将"为学生学习和发展服务"的理念传输给课堂的教学者和管理者，这有利于为大学英语网络在线教学创造良好的外在教学环境；从制度及政策环境层面来讲，有利于网络教学资源向大学英语授课教学方向倾斜。上层的教学理念一旦转换成教学制度，则会对大学英语教师及网络技术人员形成重要的外驱力。另外，大学英语课程的建设者和开发者是否能够树立这一理念，直接关系到网络在线教学的形式和质量。所以，要想形成良好的有利于网络在线课堂发展的环境，上层管理者必须树立"以学生为本"的教育理念。

综上所述，大学英语网络在线课程的建设是紧随教育改革步伐的。在信息技术和社会经济高速发展的今天，传统的英语教学模式已经无法适应新课改的要求，网络在线课程已经成为当下受学校欢迎的教学方式之一。作为新课改背景下的教师，应该积极接受新事物，不断学习，提高自身素质，提高自己的教学能力。教师要认真学习英语网络教学的操作和程序，结合学生的身心发展特点合理安排教学内容，最大限度地满足学生的个性化需求，兼顾每位学生对知识的接受程度，构建良好的大学英语网络在线教学氛围。

本节只是笔者结合自身教学实践和经验对大学英语网络教学提出的一些意见和看法。在以后的教育教学活动中，网络教学还需继续开发，创建更有利于学生学习和发展的模式。在这个过程中肯定会面临很多问题，这就需要课程建设者和开发者注重在实践中检验课程带来的学习效益，并不断进行完善和调整。

第五节　大学英语隐性课程体系建设

隐性课程是显性课程的重要补充和延伸，可以弥补显性课程在时间和空间上的不足。建设大学英语隐性课程有利于优化语言学习环境，提高学习者的学习动机，并促进英语学科建设。

一、国外的隐性课程研究

隐性课程的概念始于20世纪初。1916年，美国教育思想家Dewey指出，学生学习的不只是正规课程，还学到了与正规课程不同的东西，他提出了"附带学习"的概念。随后，Kilpatrick进一步发展了这一思想，对学习过程中自然而然产生的情感价值等进行了进一步研究，提出了"附学习"的概念。Dewey和Kilpatrick的理论被认为是隐性课程的思想渊源。而隐性课程这一概念是由美国教育学家Jackson在1968年出版的《课堂生活》中率先提出的，用来定义学校教育中存在于课程之外的、对学生产生影响，但未被直接控制的教育因素。

围绕隐性课程这一概念已经形成了三个相关的理论流派。其一是结构—功能论流派，其认为学校是学生能够学到有价值的社会规范和技能的场所，学生通过显性和隐性课程的学习，达到社会化的目的。其二是现象—诠释学流派，它更重视隐性课程在促进学生主体意识觉醒方面的积极作用，认为隐性课程是与个体生活有关的情感方面的学习，具有激发想象力、批判力和创造力的功能。其三是社会批判理论流派，其认为各种教育因素中都包含着意识形态信息，体现了不同社会阶层的道德规范、行为准则和价值观念，对课程与教学进行变革才能实现社会的公正和人的解放。

二、国内的隐性课程研究

我国对隐性课程的研究始于20世纪80年代，初期研究主要以介绍性叙述为主；进入90年代，国内学者对隐性课程的概念界定、特点、功能及隐性课程与显性课程的关系等方面展开了激烈的探讨，出现了一些新的观点，但主要以理论性思考为主，注重宏观方面的研究。近些年，广大学者达成了诸多共识，例如，隐性课程是相对于显性课程而言的学术概念，二者对立而生，无法独立存在；隐性课程与显性课程是连续统一体，二者兼容而生，相互交织；隐性课程是显性课程的拓展与延伸，是课程内外间接的、内隐的，通过受教育者非特定心理反应发生作用的教育影响因素。但目前在隐性课程的研究上仍存在着一些分歧，具体包括：隐性课程是只限于学校教育，还是包括家庭教育和社会教育；隐性课程是完全非计划性的，还是兼具计划性的；隐性课程是完全无意识的，还是兼具意识性的。

三、大学英语隐性课程体系建设的必要性

近年来,尽管国内学者对隐性课程的研究取得了一定的成果,但研究程度和重视程度都不够。对 2000 年至 2014 年间中国期刊全文数据库教育类核心期刊进行检索,结果显示,关于隐性课程的研究论文甚少,在外语核心期刊上更是少之又少。国内关于课程论的著作颇丰,但鲜有著作论及隐性课程建设,探讨外语隐性课程建设的领域更是空白。此外,目前的研究多数停留在理论探讨与假设的层面,还没有系统的实践性研究及其对结果的探讨,因此,对隐性课程建设的实证研究必然意义非凡。

隐性课程是显性课程的重要补充和延伸,可以在很大程度上弥补显性课程在时间和空间上的不足。目前,很多理工科院校为给学生留出自主学习的时间和空间,大大削减了大学英语课堂教学学时,在这种情况下,大学英语隐性课程建设就更加具有现实意义。

优化语言学习环境,为学习者的语言输入和输出提供有利条件。隐性课程因其隐蔽性、渗透性、弥漫性和长效性的特点,更利于营造语言学习环境和氛围。其潜隐而无形的力量渗透到学校环境、文化氛围、人与人的关系、人与物的关系中,间接而隐蔽地发挥作用,使学生在不知不觉中增强语言学习的意识,提高语言应用能力。

激励学习者形成融合性学习动机,促进学生的自主学习和终身学习。隐性课程关注学习者的学习态度、行为、价值观和社会化取向,注重学生主体意识的觉醒。隐性课程体系的建设可以更好地开发学生的创造力、智力,提高其自律精神,有利于培养学生的自我管理意识和自主学习能力,有利于学习者的终身学习。

促进英语学科建设。对英语隐性课程建设的研究将为课程理论研究带来新的思考和观点,为进一步解决英语教育的实质性问题——培养具有英语综合素质的人才,提供可借鉴的方法和途径,为扩展英语教育课程研究视野、充实英语教育课程内容、提高英语教育质量提供有效的现实依据。

四、大学英语隐性课程的分类

隐性课程的研究领域和层面复杂多变,但最具可操作性和最有现实意义的研究应该是学校教育层面的研究。因此,可以从学校教育的角度出发,将隐性课程做如下分类:

情境性英语隐性课程。这主要体现在第二课堂活动和各种社团活动中。例如,开设英语角,举办英语故事会、各类英语竞赛或学术讲座,介绍国内外各种大型的英语考试,让学生编辑英语小报或诗集、收听英语广播、观看英语电影或电视等,旨在为学生英语综合能力的提升创设真实的语言情境。

引领性英语隐性课程。这主要体现在教师对学生课内外语言学习的指导中。其途径灵活多样,如师生互动、个别指导等。其形式丰富多彩,例如,项目式语言学习的开展,元认知策略的开发和学习策略的培养,观察力、思维力、想象力的培养和提升,语言学习资

源的利用,自主学习的管理和评价等,以落实"以学生为中心"的教学理念,培养和提升学生的终身学习能力。

评价性英语隐性课程。这主要表现为进一步强化"过程性评价"与"终结性评价"相结合的评价方式。具体包括平时成绩的计算、自主学习活动的考核、学业水平的考核、语言运用能力的考核等,以更加科学、合理地评价学生的语言综合能力,充分调动学生的主观能动性。

五、大学英语隐性课程体系建设的研究思路和方法

从大学英语显性课程个案研究出发,认真研究隐性课程的概念、意义、构建模式和指标体系等。通过显性课程的开发和建设,系统地构建大学英语隐性课程体系,使其以间接、内隐和潜移默化的方式对学生的语言学习、情感及价值观产生引导和激励作用。同时,将显性课程与隐性课程进行协调规划,使其优势互补,进而创造最佳的英语学习环境,在提高学生英语综合能力的同时,推动其自主学习能力和批判性思维能力的提升。

具体研究可分为三个阶段。第一阶段为自然观察与个案研究阶段。从描写语言学的角度出发,通过对影响英语教育质量显性因素的直接观察、参与性观察及个案研究,对其中的隐性因素进行归纳、分类和综合,构建大学英语隐性课程的概念体系。第二阶段为隐性课程动态研究阶段,重点放在隐性课程个案分析上。对隐性课程个案的效用评价可采用准实验前测—后测控制组设计法。第三阶段为大学英语隐性课程体系和范式研究阶段,建立系统的隐性课程体系,从而提高大学英语教学质量。

第六节 应用型大学英语口语课程体系建设

近年来,随着我国高等教育的不断改革,人才培养模式也发生了变化,开始由注重学术型的精英人才转向重实践、重应用、轻理论的人才培养目标发展,应用型人才的培养是适应社会发展需要的必然趋势。大学英语教学在我国高等教育中起着举足轻重的作用,英语口语能力不仅是衡量人才能力大小的重要依据,更是各学科未来发展的必要基础。但在现存的英语口语课程体系建设中,学生无法真正用口语交流,作为培养应用型人才的大学,学生的口语能力可以直接反映大学的整体教育状况,因此加大应用型大学英语口语课程体系的建设与实践是应用型大学适应社会发展需求的必然趋势。

一、我国应用型大学英语口语课程体系的现状及存在问题

受高校扩招的影响,我国应用型大学学生英语的整体素质有所下降,在英语教学的课程体系设置上缺乏创新性,不能很好地体现应用型大学的本质和整体素质,特别是英语口

语在课程体系设置上存在如下问题。

（一）教学目标不明确

在我国应用型大学英语的目标定位上，不能很好地体现"学以致用"的思想内涵。受传统应试教育的影响，在应用型大学英语的教学理念中，学生仍然不能很好地成为学习的主导者，在课堂上，学生缺乏英语口语实践训练和听力训练，导致学生的英语口语能力无法得到提升。在考核标准定位上，大部分以笔试分数为主，使得学生内心忽视英语口语的重要性。应用型大学有明确的目标定位，培养应用型人才的目标也是大学英语教学的目标，学生的英语口语能力可以间接地反映出应用型大学的教学能力。因此，在大学英语的课堂教学中，应该注重学以致用的深刻理念，让每一位学生都能成为学习的主导者。

（二）教学方法缺乏创新性和实践性

作为应用型大学应该以培养学生的实践性、应用性，结合社会的生产发展、学生爱好和关注热点为目标，但在应用型大学英语口语的教学方法中，学校很难培养学生的英语思维模式，从而不容易提高学生的英语交际能力和沟通能力。很多学校在口语课程体系建设上缺乏创新性，教师的教学方法千篇一律，如小组讨论，讲授单词、语法和复述等，这些教学方法多数是学生厌烦的。在英语教学模式上，无法为学生创造真实的语言环境，在课堂内容上，多以小组讨论为主，缺乏师生训练与外国友人的实践性训练。受传统教学内容的影响，大学英语一直是非英语专业的必修课程，在大学英语的教学内容上，仍然培养学生的基础知识，无法体现出应用型大学的实践性和应用性。随着我国教育的快速发展，多数学生在小学就接触到了英语课程，经过初中和高中的积累与实践，多数学生已经很好地掌握了英语的基础知识，因此应用型大学应该更注重提升学生英语口语的技能，针对不同级别的学生进行分层教育，一方面可以让不同级别的学生根据自己的英语能力选择适合自己发展的英语环境；另一方面可以帮助因学校分快班和慢班带给学生的压力。应用型大学的本质是能够为社会培养具有实践性和应用型的人才，但在英语口语的课程体系中，学生缺乏与外国友人的沟通，无法真正地检测自己的英语口语能力。

（三）英语口语评估体系不完善

英语作为一门语言学科，在社会实践中更加注重听和说的重要性，在应用型大学英语口语测试过程中，考试测试简单化，不能很好地展示学生的真实英语口语水平。英语口语是学生思想表达和进行交际的重要依据，一直以来，英语口语测试都是英语测试的重要环节，同时也是测试最难的部分，如测试时间，要想真正地测试一个人的英语口语表达能力，每个人至少要花费20分钟，而全部学生一起测试的时间是学校和老师无法给予的，因此在应用型大学的口语测试上必须有一套完整的英语口语评估体系。受传统笔试教育的影响，口语测试一直未能被英语学习者重视口语测试是语言学习不可或缺的组成部分，但在现存的考试制度中，口语测试的比重仅占整个英语测试的小部分。换句话说，在应用型大学中，英语口语测试仍然未被重视，口语测试不全面，缺乏独立性和创造性，无法检测出学生英语口语的真正实力，并且，学校缺少相关专业的口语测试体系，导致学生无法将所学知识运用到未来从事的专业中。

（四）缺乏自助学习平台

随着网络的不断发展，互联网知识已被应用到各个领域中，但在应用型大学的英语口语学习中，仍然缺少相关的英语学习自主平台。在英语教学中，缺少多媒体技术与互联网知识相结合的平台，教学内容枯燥，学生在上课期间只是单纯地听老师讲课，整个课堂却少交流，久而久之，学生就会对英语产生厌烦心理。在课下，由于学校缺少网络自助平台或网络平台有限，导致学生无法利用课余时间进行英语口语训练。

二、应用型大学英语口语课程体系的建设与实践

口语是语言学习的重要内容，英语口语直接反映学生的英语实践能力，同时也揭露了应用型大学的整体实力，因此，加强应用型大学英语口语课程体系的建设与实践是发展英语口语能力的必经之路。

（一）明确教学目标，优化教学内容

近年来，随着应用型大学的出现，国家教育机构更加重视大学生实践能力的培养，英语作为各学科长远发展的重要基础，发挥着不可忽视的作用。在应用型大学英语口语的学习中，应该充分做到以学生为主体，加强学生的口语训练，不能过于注重理论知识，如积极组织英语实践能力大赛，邀请外国友人参与比赛，这样既能增加学生的积极性，又能在交际中提高学生的英语口语能力。在课堂上，应做到以学生为主体，教师只是参与者和辅导者，所有时间都应用在积极锻炼学生的口语对话能力上。不仅如此，还可以邀请外教进行英语教学，在教学内容上，展现应用型大学的本质，勇于摒弃旧的教学理念和教学内容，创造新的教学方式和教学内容，加强学生的英语口语训练，提升学生的口语水平。

（二）引进先进教学方法，培养口语水平

传统的教学方法过于单调，无法吸引学生的积极性，在英语口语学习中，应该积极引进先进的教学方法，提高学生的口语能力。在教学方式上，可以设立"外教英语口语"模块，通过外教老师的讲解，一方面吸引学生的听说兴趣；另一方面通过外教老师对英语知识的解读，改善学生的口语发音技巧，提高学生的英语学习效率。

（三）建立完善的口语评估体系

以培养应用型、实践性为教学理念的应用型大学，在英语学习过程中应该建立完善的英语口语课程评估体系。英语口语课程评估体系的建设是学生完成大学英语学习的保障。英语口语建设与实践是一个复杂的过程，需要老师的丰富经验和学生的积极配合，应结合本专业的未来就业情况，建立一套适合工作和生活的课程体系。

（四）建立自助学习平台，完善口语体系建设

建立英语口语自助平台可以作为学生口语能力培养的辅助和延伸，作为应用型学校，应该以培养学生的实践能力为目标。英语口语自助平台可以帮助学生在课余时间提高英语口语水平和学习技巧，可以有效地帮助学生提高英语学习交际水平，提高英语沟通能力。

本节从英语口语课程体系建设角度出发，分析了我国应用型大学英语口语的现状和存在问题，重点从教学目标、教学方法、课程体系建设和英语口语自助平台方面探究了构建英语口语课程体系的建设与实践。

第二章　英语新课程资源开发与课程优化

第一节　英语新课程资源开发原则

　　课程资源是形成课程的要素来源及实施课程的必要而直接的条件。它包括构成课程目标、内容的来源和保障课程活动进行的设备和材料。课程资源的分类多种多样，按课程资源的作用特点可以分为：素材性资源和条件性资源。素材性资源是指形成课程的素材或来源，包括各种知识、技能、经验、智慧、情感体验及价值观等因素。它们的特点是作用于课程，并且能够成为课程的要素。条件性资源是指实施课程的基本而又必要的条件，它在很大程度上决定着课程的实施范围和水平，包括人力、物力、财力、时间、设施和环境等因素。

　　按课程资源的形成可以分为：预成性资源和生成性资源。预成性资源在课程实施之前就已形成，与课程的实施没有必然联系，如图书馆、语音室、教科书、课程计划等。生成性资源在课程实施过程中形成，与课程的实施有直接联系。包括在课堂教学中，教师和学生对课程的创造性理解，以及师生互动联合创造的教育经验。

　　按课程资源的空间分布可以分为：校内资源和校外资源。校内资源就是学校范围内的资源。学校范围外的资源就是校外资源。校内资源和校外资源对于课程的实施都是十分重要的。考虑到利用的经常性和便利性，校内课程资源开发应居主要地位。但这并不意味着忽视校外资源的开发和利用。相反，我们应在校内资源为主的基础上，重视校外资源的开发和利用，从而帮助学生与校外环境进行交流。

　　依据不同的划分标准，课程资源还可以分为其他的不同类型。但是，各种课程资源之间没有绝对的界线，它们恰恰有着密切的联系。如生成性资源中就包括大量的校内资源和校外资源，校内资源又包括素材性资源和条件性资源，条件性资源又包括生成性资源。

　　英语新课程标准对英语新课程资源开发和利用提出了新的目标和要求，学校即以英语教材为核心，利用现有的资源，开拓教与学的渠道，更新教学方式，增强英语教学的开放性和灵活性。尊重教师开发课程的主体地位，鼓励和支持学生参与课程开发。既要充分利用信息技术和互联网络，也要考虑实际条件，量力而行。为了实现以上目标，我们需要对英语新课程资源的开发与利用问题进行认真探讨。

一、适应性原则

适应性原则包括三个方面：首先是适应学生的需要。课程资源开发要符合学生的兴趣爱好，与学生学习的内部条件相一致。其次是与教师的教学水平相适应。教师不能驾驭的课程资源则没有利用的可能性。最后，与学校的自身条件和特点相适应。学生需要的课程资源很多，学校不可能满足每位学生的每个需求。因此，学校应立足于现实状况，优先选择和开发适应本校实际的课程资源。

二、公平性原则

学校所拥有的资源的优劣，意味着学生的发展机会的平等与否，而机会不平等就会影响教育公平。因此，社会要建立公平分配课程资源的机制，保障对不公平的约束，平等地对待所有学校，公平地分配课程资源；学校内部也要公平地分配课程资源，使每个学生享受平等的教育机会。

三、发展性原则

新课改的一个重要目标就是促进每位学生的发展。因此，选择的课程资源首先要促进学生的发展。通过课程资源的开发，能够使学生利用资源来更好地学习、探究和实践。其次是促进教师的发展。课程资源开发对教师提出了新的挑战。教师的素质状况、教学水平决定着课程资源的识别范围、开发与利用的程度，以及发挥效益的水平。因此，课程资源还要促进教师的发展，以便教师与课程资源之间形成一个良性循环。

四、全面性原则

课程资源的开发要全面考虑，挖掘一切可能的课程资源，为教学服务，为教师和学生的发展服务。从我国目前的三级课程管理的政策角度出发，可以将课程资源分为三个级别，即国家课程资源、地方课程资源和学校课程资源。

国家课程资源主要是指关系到国家教育发展，国家课程开发的课程资源。它主要包括：保证国家组织安全运行和发展的政治思想及制度化的法律法规；保证培养增强国家竞争实力的人力资源所需要的科学技术知识和创新能力的资源；保证民族文化延续和发展的民族文化资源。

地方课程资源是指国家内部的各地方具有的政治、经济、文化、风俗、组织等方面的独特资源。地方课程资源是强调地方特色和差异的部分。开发地方课程资源，保证地方文化传统的继承和发扬，是在全球化时代继续保护人类文化多元特色的重要途径。学校课程资源主要是指教师经验、学生经验、教材、学校设施、教学时间等。

（1）教师经验课程资源主要是指他们丰富的思想内涵、知识修养、教育技术等。这些既要成为课程活动的组成部分，又要成为教师自我反思和评价的对象。

（2）学生经验课程资源主要是指学生的心智发展状况、知识程度、学习习惯、个性品质等。学生是学校课程活动的主体，学生的经验资源是课程活动的重要基础，任何课程活动都不能离开学生经验资源。

（3）教材是学校重要的课程资源，是学生学习的重要依据，但它并不是学生课程活动的唯一来源。

（4）学校设施包括保证课程实施的各项必要的设备与条件，如教学场所、图书、仪器等。

（5）时间资源是指教师与学生进行课程活动所可能利用的时间，它的总量极为有限，是最为宝贵的课程资源。

第二节 英语新课程资源开发途径

英语教学的特点之一是要使学生尽可能多地从不同渠道、以不同形式接触和学习英语，亲身感受和直接体验语言及语言运用。因此，在英语教学中，除了合理有效地使用教材以外，还应该积极利用其他课程资源，特别是英文报刊与广播电视节目、信息技术和网络、校本课程、英语教师、学生等课程资源。

一、英语教材

英语教材虽然不是唯一的课程资源，但仍然是英语新课程资源的核心部分。教育行政部门和学校要保证向学生提供必要的教材。英语教材除了学生课堂用书以外，还应该配有教师用书、练习册、活动册、挂图、卡片、音像带、多媒体光盘和配套读物等。学校应在教育主管部门的指导下，在与教师、学生和家长共同协商的基础上，选择经教育部门审定或审查的教材。

所选用的教材应该具有时代性、基础性、选择性、发展性、拓展性、科学性和思想性；应该符合学生的年龄特征、心理特征和认知发展水平；应该语言真实、内容广泛、体裁多样，能激发学生的学习兴趣，开阔学生的视野，拓展学生的思维方式。根据英语教学的特点，学校可以适当选用国外的教学资料，以补充和丰富课堂教学内容。

当然，对于选定的教材内容还应当根据需要和学生实际水平做适当的补充和删减，也可以用其他内容替换。要对教学内容加以设计，合理安排教学程序和教学方法。

二、报刊与广电节目

除英语教材以外，学校和教师还应积极开发和利用其他课程资源，尤其是英文报刊与广电节目，如英语广播、英语影视节目、录音、录像资料和英文报刊等。要充分利用图书馆、语言实验室和音响设备等基本的和常规的教学设施。教育行政部门和学校要尽可能创造条件，为英语新课程提供这些教学设施。条件较好的学校还应该为英语教学配备电视机、录像机和计算机等多媒体设备；应尽可能创造条件，建立视听室，向学生开放，为学生的自主学习创造条件。学校要组织学生收看或收听难度适当的英文节目，也可以对节目进行录制、保存。学校还应订购一定数量的适合学生的英文报刊，鼓励学生积极阅读，使其扩大英文阅读量。

（一）报刊

今天学生们可能接触到的英文报纸和杂志很多，如《英语周刊》《中国日报》等，这些报刊具有很强的新闻性，能及时反映国内与国际时事，同时还有不少与中小学生英语水平相应的英文知识和练习题。笔者认为，利用这些可以增加学生英语学习的机会，并学到许多新的表达方式。

（二）原声录音

例如，可以要求学生每周听一篇《新概念英语》（第三册）中的短文录音，并模仿录音向全班进行朗读。这些原声录音材料，可以培养学生对英语的真实感，促进学生语音语调的标准化。

（三）日常生活资料

在我们所处的生活环境中，有许多汉英并存的资料，如产品说明书、博物馆的简介等，它们都可以作为英语新课程资源。

（四）广播、电视和电影

现今不少广播、电视都有英语栏目。原版的英语电影和录像与英语国家社会生活接近，有利于学生了解外国文化。可以每周组织学生观看一部原版英语录像，如 *Home Alone*，*The Sound Of Music* 等。这些可以让学生了解英语国家的生活，有助于促进英语的学习。

三、网络资源

在开发英语新课程资源时，要充分利用信息技术和互联网络。专门为英语教学服务的网站为各个层次的英语教学提供了丰富的资源。另外，计算机和网络技术又为学生的个性化和自主学习创造了条件。通过计算机和互联网络，学生可以根据自己的需要选择学习内容和学习方式，具有交互功能的计算机和网络学习资源，还能及时为学生提供反馈信息。另外，计算机和网络技术可以使学生之间相互帮助，分享学习资源。因此，各级教育行政部门、学校和教师要积极创造条件，使学生能够充分利用计算机和网络资源，根据自己的需要进行学习。有条件的学校还可以建立自己的英语教学网站，开设网络课程，进一步增强学习的开放性和灵活性。与其他传统的教学手段相比，网络资源有许多优点：网络资源信息量大，可以说是一个取之不尽的信息海洋；交互性强，使用网络可以在一个比较实际的语言环境中进行相互交流；知识更新快，网络上的语言，同实际生活中的语言发展同步；趣味性强，网上内容生动活泼。在信息化时代的今天，网络在英语新课程资源的开发和利用中，越来越凸显出其重要性。

（一）网络资源的价值

1. 扩展学习时空

网络技术的发展将扩大学校教育的时间和空间，使学生从一个封闭的班级走向一个无班级、无年级，甚至无国界的广阔的学习空间，将学生和教师从时空的桎梏中解放出来了，教师可随时随地教，学生可以随时随地学。

我国学生很少接触来自说英语国家的人，很难有机会与说英语的人进行交流，通过国际互联网，学生就可以与外国人进行网上交谈，还可以以电子邮件的形式结识外国朋友，提高英语写作能力。国内互联网上也不乏英语爱好者或者英语专家，学生可以与之交流心得体会，吸取他人的学习经验。

2. 提高教学效果

网络教学环境集图、文、声、色于一体，有极其丰富的表现力，可以打破传统的教学模式，在有限的时间内给学生提供多种形式的训练方式，大大丰富课堂教学的信息量，提高教学效果。

3. 激发学习兴趣

心理学研究表明被动学习的东西是不会长久留在大脑中的。学生如果对学习的内容充满了兴趣则会变的为主动、积极和自觉，将学习当作一种愉快的享受，而不是一种负担。从某种意义上说，兴趣就是学习的动力。利用网络技术，可以下载各种生动的资料，它们多有切入、飞入、螺旋等动画效果，配上声音和颜色，效果更好。这些直观材料对于激发学生学习兴趣很有帮助。

（二）网络资源在英语教学中的应用原则

网络具有形象生动、信息容量大、传输速度快等特征，对培养学生的英语学习兴趣和提升英语素质都具有积极的促进作用。教师在运用时要把握以下几个要点，不可滥用。

1. 熟练性原则

这是最基本的前提，要想取得良好效果，英语教师必须熟悉计算机的软硬件设备，以便能及时解决学生运用计算机的过程中出现的技术问题。教师要学会通过电子邮件与学生进行交流，与其他同仁进行探讨。还应学会选择适当的课件，利用计算机制作一些简单的英语教学课件，并能从网上下载一些英语教学所需要的教学资料。

2. 适度性原则

网络只是一种教学辅助手段，有着许多优点，但是它不能取代教师的主导作用。课堂中学生出现的问题多种多样，计算机只能在课件范围内帮助学生，而不能解决课堂内所有的问题。过多的多媒体教学课件的展示会使本该富有情感的师生交流变成冷冰冰的人机对话。况且任何课件都有一定的局限性。即使课件很理想，如果没有科学的教学原则作为指导，仍然不能取得预期的效果。因此，网络资源辅助英语教学应适度把握。

3. 批判性原则

网络是一个传递各种信息的快速便捷的渠道，它在传递有益信息的同时，也会传递各种不健康的内容。因此，必须保持高度的批判性，才不至于有害学生的发展。

（三）英语教学中应用网络资源的方式

1. 从网络上下载英语教学课件或软件

网络上课件或软件辅助英语教学的形式比较多，有操练、情景模拟、对话、游戏和检测等。

2. 从网络上浏览或下载英文阅读材料

网络上可供浏览或下载的英文材料形式很多，如英语新闻、英语名篇、英语练习等。网络提供的这些材料多数具有新颖性、趣味性、及时性等特征，对读者有很强的吸引力。因此，利用网络资源可以丰富学生英文学习的资料，增加学生英语学习的机会。

3. 利用网络作为交流的平台

网上对话、网上聊天、网上传递信息都是网络给人们带来的交流平台。对于英语教学来说，利用网络，师生之间、同学之间可以互相发送电子邮件，用英文对话、聊天等。这些活动无疑有助于提高英语学习的自觉性和积极性。

4. 参加网上学校学习

现代远程教育通过计算机网络开展得十分便利，各种网上学校更是层出不穷。开通网络，学生可以随时参加网上各种形式的学校培训。网上英语学校和英语培训班提供多种形式的教材，也提供多种形式的测验试题。这不仅为学生提供了学习机会，而且减少了学习费用。

四、校本课程

（一）英语校本课程开发的意义

1. 弥补国家课程的不足

国家课程是由国家教育行政管理机构组织专家决策、编制的面向全国的课程，具有普遍性和基础性。但是，各个地区的社会、经济、文化的发展水平不同，教育需求各异，各个学校的办学条件存在差别，师资力量参差不齐。再加上国家课程的修订周期长，缺乏灵活性，不能及时反映科技进步的成果。因此，在国家课程的推广中，无法达到国家课程的理想效果。校本课程开发是按照国家课程标准，以学校的主客观条件，以及当地的经济文化为基础，及时融入学科的最新发展动态，为学生提供选择的多样化课程，以满足学生和社会发展的需求。校本课程是我国三级课程管理的重要组成部分，校本课程开发可以弥补国家课程的不足。

2. 满足学生的不同需要

新课改的目标之一是培养学生基本的信息能力，获取符合信息时代需要的各类知识。人是有个性，能自主学习、自主发展的。应该尊重学习者的差异性，提升学生的主体性。校本课程开发应该从时代需求和学生特点出发，开设适应社会需要，适应不同学生发展的多样化课程，调动学习积极性，发挥学习主动性，培养学生的创新意识和创新能力，引导学生自主地解决问题。

3. 能够提高教师专业水平

国家课程通常由专家设计、编定，教师只是课程的被动消费者，如果教师不能很好地领悟课程设计者的意图，课程实施就难以达到预期的效果。因此教师作为课程的实施者，对学生的兴趣、能力、需求最了解，课程开发应该成为教师工作的一部分。校本课程开发赋予了教师一定的自主权，为教师发挥创造性提供了机会，充分调动了教师参与课程开发的积极性。在课程开发过程中，教师个人不断研究、实践，教师集体互相合作交流，有助于教师课程意识的增强，专业水平和科研能力的提高，促进国家课程和地方课程的实施。

（二）英语校本课程开发的障碍

校本课程开发和利用无疑是一件好事，对于英语教学很有价值。但是当前我国在校本课程开发和利用中还存在许多不利因素，主要表现有以下三点：

1. 学校资源不足

每一所学校有着不同的人力、物力和财力资源，如何利用现有的资源满足学生的需要是一件重要而又比较困难的事情。校本课程开发除了需要学校内部领导与教师的沟通及学校与家长、社区的沟通外，还需要能满足学生对校本课程需要的设施和设备。

2. 传统的教学观念根深蒂固

长期以来，我国英语教学一直是唯教科书至上，教师讲解教科书，学生学习教科书。学生习惯于被动地接受知识，教师习惯于照本宣科。如果要教师离开教科书编写英语教材，设计教学内容及有关活动，一是时间精力不够，二是教师担心出错，给学生造成不良影响。

3. 教师缺乏足够的培训

教师的素质决定着课程开发的程度和质量。校本课程的开发给学校和教师提出了很高的要求。教师要转变教育观念，提高专业素质和教学能力，需要接受系统、连续的校本培训。课程开发不是短期内能轻易完成的，一些流动教师难以真正地参与校本课程的编制、实施、评价和修订，这势必会影响校本课程的质量和连续性。校本课程开发和利用需要学校提供额外的人力、物力和财力，教育资源的耗费高于实施国家课程的需求。

（三）英语校本课程开发的建议

1. 要发挥教师在校本课程开发中的主体作用

在教学过程中，最了解学生的是教师，教师可以根据学生的需要来调整和设计教学活动。学生也最容易接受教师制定的课程。课程开发之前，教师要调查了解学生的现有状况，把握学生个性发展的需要，挖掘本地区、本学校的课程资源，收集相关资料，建立一个资料库，以备利用。课程开发和利用中，教师要利用集体智慧，对课程方案不断进行调整。课程开发之后，教师还是实施课程的具体内容，以确定课程的可行性和不足之处。因此，教师理所当然是校本课程开发的主体，应该发挥教师的主体作用。为此，我们认为：

（1）要根除教师的传统教学观念，帮助教师树立新的教学观念。这是充分发挥教师主体作用的前提条件。现代教育不是选择适合教育的儿童，而是选择适合儿童的教育。教育的目标是培养学生的创新精神和实践能力，促进每位学生的健康发展，培养学生终身学习的能力。要让教师相信人人有特长，人人能成才。一切都是为了每位学生的发展。

（2）要提高教师的课程决策能力，培养教研合一的新型教师。传统的教学理论中，教师无须也无权过问课程的编订，教师只是既定课程的传递者和阐述者。校本课程的开发需要给予教师足够的课程决策权利，发挥教师的积极性和创造性，促进课程建设的科学决策和实施。

（3）要建立多元评价体制，促进学校评价合理发展。校本课程开发在我国才刚刚起步，许多教师和学校对此感到陌生，不知所措。每一位参与课程开发的人员也只是摸着石头过河，有可能成功也有可能失败。为此，我们应该建立多元的评价机制，不以成败论英雄，鼓励每一位教师身体力行地参与校本课程开发和实施。当然，为使工作进展顺利，教师们应当与专家学者加强联系，建立合作关系。

2. 教师应充分挖掘和利用周围的课程资源

（1）不仅要在思想上突破教材是唯一的课程资源的观念，而且要在实际行动中去寻找有利的课程资源，并将它们用于课堂教学。如复印一些商品的英语使用说明等，让学生了解一些应用型的文体，等等。

（2）经常深入学生中进行调查，发挥师生双方的主动性和积极性，不断地对课堂教学内容、方式进行改进。在教授基础知识的同时，给予每位学生参与实践的机会，提高学生的英语应用能力。

五、英语教师

英语教师本身就是一种重要的英语课程资源，因为英语教师具有的知识、经验和专业技能是课程活动的重要素材，教师的水平决定了教师资源的品质。优秀的教师能够有意识地根据学校课程开发和实施的需要建设课程资源。教师既具有素材性资源的性质，又具有条件性资源的性质，在课程资源的开发利用中起着决定性作用。所以，学校要发挥教师的积极性，鼓励学校教师收集整理一些隐含着教育因素的课程资源，并按照课程标准的要求和学校教学目标对其进行加工，形成课程内容。

六、学生

学生的经验水平、知识状况、思想意识、身体发展、情感态度等都是课程活动最基本的资源。学生的学校活动为学校积累着课程文化资源，学生的学习成果是教师教学活动的重要资源，是教师研究的资源对象，也是学生进行学习反馈的依据。所以，应该将学生作为重要的英语新课程资源，重视学生在课程资源开发的参与度。学校应该鼓励和支持学生参与课程资源的开发，可以组织学生建立班级英语图书角或图书柜；鼓励学生制作班级英语小报或墙报；鼓励学生进行英语学习交流。

第三节 英语课程优化的理念

随着社会生活的信息化和经济的全球化，英语已成为人类生活各个领域中使用最广泛的语言，其重要性日益突出。许多国家在基础教育发展战略中，都把英语教育作为公民素质教育的重要组成部分，并将其摆在突出地位。改革开放以来，我国的英语教育规模不断扩大，教育教学取得了显著成就。然而，英语教育的现状尚不能适应我国经济建设和社会发展的需要，与时代发展的要求还存在差距。

因此，教育部门根据《基础教育课程改革纲要（试行）》的精神，结合英语学科自身的特点，制定了英语课程优化标准。此次英语新课程改革的重点就是要改变英语课程过分重视语法和词汇知识的讲解与传授的现状，忽视对学生实际语言运用能力培养的倾向，强调课程从学生的学习兴趣、生活经验和认知水平出发，倡导体验、实践、参与、合作与交流的学习方式和任务型的教学途径，发展学生的综合语言运用能力，使语言学习的过程成为学生形成积极的情感态度、主动思维、大胆实践、提高跨文化意识和形成自主学习能力的过程。它包含了以下基本理念：

一、面向全体学生

英语课程是基础教育阶段课程的重要组成部分。因此，英语课程优化要面向全体学生，帮助学生打好语言基础，为他们的终身学习和发展创造条件，并使他们具备作为21世纪公民所应有的基本英语素养。英语课程优化应根据学生认知特点和学习发展需要，在进一步发展学生基本语言运用能力的同时，着重提高学生用英语获取信息、处理信息、分析问题和解决问题的能力；逐步培养学生用英语进行思维和表达的能力；为学生进一步学习和发展创造必要的条件。

二、突出学生主体

学生的发展是英语课程优化的出发点和归宿。英语新课程优化在目标设定、教学过程、课程评价和教学资源的开发等方面都突出了以学生为主体的思想。课程实施是学生在教师指导下构建知识、提高技能、磨砺意志、活跃思维、展示个性、发展心智和拓宽视野的过程。

三、倡导体验参与

英语新课程的设计与实施应有利于学生优化英语学习方式，使他们通过观察、体验、探究等积极主动的学习方式，充分发挥自己的学习潜能，形成有效的学习策略，提高自主学习能力。学生主动参与学习过程，体验教学情境，能够增强学生学习英语的热情并提高学习效率。

四、关注学生情感

英语课程优化关注学生的情感，使学生在英语学习的过程中，提高独立思考和判断的能力，发展与人沟通和合作的能力，增进跨文化理解和跨文化交际的能力，树立正确的人生观、世界观和价值观，增强社会责任感，全面提高人文素养。

五、注重过程评价

在英语教学中应注重过程评价，关注培养和激发学生学习的积极性和自信心，促进学生综合运用语言能力和健康人格的发展；促进教师不断提高教育教学水平；促进英语课程的不断发展与完善。

第四节 英语课程的目标体系优化

根据学生认知能力发展的特点和学业发展的需求，英语新课程强调在进一步发展学生综合语言运用能力的基础上，着重提高学生运用英语获取信息、处理信息、分析问题和解决问题的能力，提高学生运用英语进行思维和表达的能力，形成跨文化交际的意识和基本的跨文化交际能力；进一步拓宽国际视野，增强爱国主义精神和民族使命感，形成健康正确的情感、态度、价值观，为未来发展和终身学习奠定良好的基础。

按照基础教育阶段英语教学的要求，英语课程优化在语言技能、语言知识、学习策略、情感态度和文化知识五个方面分别提出了不同的目标和要求。

一、语言技能

语言技能包括听、说、读、写四项基本技能,其中听和读是知识的输入技能,而读和写是思想的输出技能。听、说、读、写是人类运用语言进行交际活动的主要形式,是人们获取知识、交流思想的重要途径。在语言技能方面的具体要求有:

第一是协调发展。从英语教学的整个过程来看,听、说、读、写四项技能必须综合训练,协调发展。听、说、读、写是统一的整体,它们的关系是紧密相连、相辅相成、互相促进的。在语言学习过程中,听是分辨和理解别人话语的能力;说是运用话语进行口头交际的能力;读是人们从书面材料获取知识的能力;写是运用文字符号表达思想的能力。从教学实际来看,人们往往将听说合在一起教学,将读写连在一起教学。近几十年语言习得理论研究表明:现代外语教学在处理听、说、读、写这四种语言技能的关系时应当遵循"听说先行,读写跟上"的原则。

(一)听说先行

听说属于口语,读写属于书面语。语言首先是话语,文字则是记录话语的一种书面形式,所以口语是第一性的,文字是第二性的。就人们掌握语言的过程来看,总是先掌握其口头形式,然后再掌握书面形式。学习英语,先听说,后读写,这个学习规律是不可违背的。通过听说训练,容易使学生学习地道的语音、语调。听说训练易于反复操练,易于发现和改正学生的错误,易于使学生养成良好的听说习惯。听说训练要求反应迅速,不容过多思考,这有助于培养学生用英语思维的能力和直接运用英语的能力。同时,听说训练使学生的注意力高度集中,随时处于积极的学习状态,这有利于提高课堂教学质量。

(二)读写跟上

在英语教学中,读和写是紧密相连的。读是写的基础,读可为写提供语言、内容和典范,"读书破万卷,下笔如有神"便是这个道理。写可促进学生对词形的辨认,从而有利于提高阅读速度。写作经验丰富,有助于增强对阅读的理解、欣赏和吸收,有助于提高阅读能力。

教师在阅读教学中,要正确处理出声的朗读和不出声的默读两种形式。朗读就是运用重音、节奏、语调等语音手段把语言材料中的思想感情表达出来。流畅的朗读不仅有助于培养学生的阅读能力,也有助于提高口语表达能力。默读是借助视觉进行的阅读。在阅读过程中要培养学生从上下文中猜测词义和词性、寻找主题句和判断、归纳文章大意等阅读技巧,这样才能达到阅读的目的。在写的训练中,教师要根据新课程标准对学生的写作要求来设计自己的训练计划。教师应采取循序渐进、逐步提高的原则。在训练形式上,应遵循由听写、仿写、改写到造句、写短文,由简到繁,由易到难的原则。

听、说、读、写综合训练要贯穿英语教学的全过程,但不同阶段应有所侧重。随着学生年龄的增长,英语水平的提高,以及英语教学诸多因素的变化,自然会呈现出不同的教学阶段。教师必须认识到各个不同阶段的特点,对学生在不同阶段听、说、读、写的训练要求应有所不同。

二、语言知识

在英语教学中，语言知识是指语音、词汇、语法、功能和话题等方面的规则、定义、概念和用法等。英语既要培养学生的言语能力，又要教给学生必要的语音、词汇和语法知识。要掌握语言基本知识，提高语言技能，就要做到以下三点：

第一，发挥英语的交际功能。英语是一种交际工具，英语教学的目的就是要培养学生运用这种交际工具的能力。因此，教师的教学活动要力争做到英语课堂教学交际化。在进行语言操练时，不仅要多给学生一些开口的机会，还应尽量利用教具，创造适当的情境，用英语作交际性的、真实的或逼真的演习，鼓励学生在说英语时带有表情，并伴随手势、动作等。这样学生不仅学得有兴趣、有成效，而且能真正学会运用英语。

第二，强调语言学习的全面性。在教学中，教师要把语言知识的教学和语言技能的培养结合起来。语言知识的教学和语言技能的培养要同时进行、相互融合。学生应边学边练，学练结合，以学带练，达到既学会知识又学会运用的目的。为了使学生能够把所学的语言知识转换为听、说、读、写的技能，教师在课堂上应当设计和安排大量模拟的或接近真实的语言掌握和发展综合运用语言的能力。

第三，训练方式多样化。在教学中，要把机械操练、有意义操练和交际性操练结合起来。机械操练是指模仿、记忆和反复进行的练习，如记单词、句型操练等；有意义操练一般是指活用性的练习，如围绕课文或所给情境进行的模仿、问答、对话、造句、复述等练习；交际性操练指用语言表达思想的练习，如联系自己的生活实际，利用课文中的词句叙述自己的思想，谈论学习课文的体会、自由对话、问候、打招呼等。这几种练习，一种比一种更接近语言交际，要求也不断提高。教师在教学过程中应灵活运用这三种操练方式，为学生语言能力的提高服务。

三、情感态度

情感态度指兴趣、动机、自信、意志和合作精神等影响学生学习过程和学习效果的相关因素，以及在学习过程中逐渐形成的爱国意识和国际视野。情感是人对现实世界各种事务所抱的不同态度和不同体验。情感对个性心理特征和行为动机都有较大影响，是影响学习者学习行为和学习效果的重要因素。

英语课程优化强调在英语教学中要尊重、理解学生，注重培养学生良好的品质；强调利用影响学生的情感来培养学生的学习兴趣，增强学习动机，调整学习态度，树立自信心，锻炼意志力。应该看到，情感教育在我国英语教育阶段尤其在应试教育的大环境下，历来是一个薄弱环节。许多教师在抓英语教学时，注重的是学生语言知识的学习和智力的发展，而忽视了学生情感的发展。因此，在英语教学中要把情感因素和认知因素有机结合起来，以情感为重点，促进语言认知能力的提高，这样才能达到大面积提高英语教学效果的目的。

情感态度与语言有着千丝万缕的联系，在很多方面直接或间接影响语言学习，对外语学习的影响则更加明显。积极向上的情感、活泼开朗的个性有助于学生积极参加语言学习活动，获得更多的学习机会；强烈的学习动机、浓厚的学习兴趣和大胆实践的精神有利于学生提高学习效果；坚强的意识和较强的自信心有助于学生克服英语学习中遇到的困难。相反，很多消极的情感态度则影响语言学习。害羞和过于内向不利于学生积极参与学习活动；过度焦虑和胆怯心理不利于学生大胆地展现自己的语言知识和语言技能。

为了培养学生积极的情感态度，教师应该注意：

（1）激发学生学习动机。动机是给学习者提供动力和指引方向的一系列心理因素。早期的研究把英语学习动机分为外在动机（工具型动机）和内在动机（融合型动机）。如果学习英语是为了实际需要就是一种外在动机；如果学习英语是满足自己的兴趣和爱好就是一种内在动机。英语教学应尽量培养学生的内在动机。

（2）形成和谐的师生关系。为了了解学生的情感态度，帮助他们培养积极情感，克服消极情感，教师要和学生建立和谐的关系。

（3）因材施教。教师对学生的英语学习，首先应该积极、正面引导，对学生真诚关心、热情鼓励、认真指导及耐心帮助。对那些开口慢、胆怯害羞的学生，不能用命令、讥讽甚至谩骂的方式强迫他们开口，相反，应当耐心地诱导和期待。教师要针对不同学习者的生理心理特点、学习兴趣和现有英语水平，采用不同的教学形式和教学方法，尽可能去适应和满足每个学生的要求，把英语课堂变成学生喜欢并向往的语言学习和活动场所。

（4）教师反思。在英语教学过程中，教师应当经常进行反思，思考自己已经采用的和将要采用的教学方法和活动方式是否能够得到学生喜欢；是否使某些学生产生焦虑、抑制等负面情感；是否超出了学生的情感范围等。

四、学习策略

英语学习策略是学生有效学习语言和使用语言而采取的各种行动和步骤。英语学习策略包括认知策略、调控策略、交际策略和资源策略等。认知策略是指学生为了完成具体学习任务而采取的步骤和方法；调控策略是指学生计划、实施、评价学习过程或学习结果的策略；交际策略是指学生为了争取更多的交际机会、维持交际及提高交际效果而采取的各种策略；资源策略是指学生合理并有效地利用多种媒体进行学习和运用英语的策略。

学习策略是灵活多样的，策略的使用因人、因时、因事而异。在英语教学中，教师要有意识地帮助学生形成适合自己的学习策略。

（一）确立目标

教师在培养学生学习策略的过程中，应让学生明确阶段学习目标是什么，在听、说、读、写诸方面向学生提出具体要求，让学生朝这个目标主动发展，有意识地依据目标制订学习计划、进行实践及评价自己的学习过程与结果。教师应就每学期、每学年乃至整个阶段给学生提出合理的、有挑战性的目标，并要求学生根据教师提出的要求来制订计划。要求学生在课堂上时刻保持高度的注意力，主动参与分析、推理、归纳等认知过程；主动寻找或创造机会，进行语言交际训练；主动做好预习、复习工作；主动拓展与语言学习有关的知识。

（二）全面发展

心理学家曾就两组持不同学习策略的学生做了比较：一组学生学习勤奋，但很少提出问题，很少与别人讨论，更缺少所学语言国家的文化背景知识。而另一组学生接受了交际、资源策略的培养，在学习中能提出问题，在独立思考的基础上常与同学展开讨论、与他人合作学习。比较结果发现第二组学生学习语言的效果要好于第一组。因此，教师应帮助学生养成全面发展的学习策略，任何一种学习策略掌握不足，都将给学生的学习带来障碍。

（三）发展听、说、读、写的策略

在听的方面，要养成在听的过程中快速摘记重要信息的习惯，善于抓住文章脉络，捕捉有用信息；注意语言在不同社会场合的使用；注意日常生活中大量使用的习语、俚语和俗语；注意不同民族的文化差异；注意模仿各种人物的交际方式和语言表达方式。在说的方面，应积极参与课堂讨论，对自己的言语实行监控；不仅关心语言和语言的表面形式，还注意语言形式在不同社交场合中的意义；注意捕捉对方的有用信息，运用自己已学过的语言知识发展对话；注意别人的发言，特别注意他人表达时所用的精彩片段，用简单扼要的几个句子在心里将他人的发言加以概括或提炼，内化成自己的东西。在读的方面，要根据标题，预测篇章内容；找出文章的中心词、例证和结论，理清文章脉络，划分段落并弄清逻辑关系，归纳中心思想；根据上下文猜词解意，对关键词运用工具书理解其意；调节阅读速度，避免回视。在写的方面，要练听和练写相结合，练说和练写相结合，阅读和写作相结合，随笔和精练相结合。

五、文化意识

人们学习语言是为了进行交际，而交际是要受到文化制约的。长期以来，英语教师对此重视不够，教学中常常只是语言教学，即一味传授语音、词汇、语法知识，致使学生在实际跨文化交际中由于不了解英美国家的文化，常常犯文化错误（大多数以英语为母语的人觉得不合适或者不能接受的言语行为）。语言学家沃尔森说过：在与外国人的接触当中，讲本族语的人一般能容忍语音或语法错误，相反，对于讲话规则的违反常被认为是没有礼貌的，因为本族人不会认识到社会语言学的相对性。也就是说，如果违背了非本族语国家的文化习俗，就会冒犯对方，甚至引起文化冲突，造成双方感情上的不愉快。例如，"龙"（dragon）在中国的文化中是一种神圣不可抗拒之物，它象征着皇帝的权力。而在西方文化中，"dragon"却是怪物的代名词。如果说话者不了解这一点，就容易造成笑话。

因此，教师应不断引导学生自觉地了解英美国家的文化，通过各种途径培养学生对英美文化的敏感性和洞察力，在增强语感的同时，提高其对英美文化的感悟。教师还要把英语语言教学置于跨文化交际的环境中，抓住文体障碍、误解和冲突的焦点，有针对性地培养学生正确得体的跨文化交际能力，把跨文化交际列为英语教学的一个重要目标，这样，英语教学才不失完整性。

第五节　英语课程优化与英语教师智能结构的建构

从英语新课程的基本特点我们可以看出，这次英语课程优化是一次全方位的变革，它反映了英语教育工作者长期对英语教育理想的追求。但它毕竟是一种理想的英语课程，如何使这种理想的课程变成现实的课程，关键在于我们英语教师的理念、素质、水平和能力。教师是课程改革的关键性因素的这一观点，已越来越引起人们的关注。因为"没有教师的生命质量的提升，就很难有高的教育质量；没有教师精神的解放，就很难有学生精神的解放；没有教师的主动发展，就很难有学生的主动发展；没有教师的教育创造，就很难有学生的创造精神。"因此，英语教师要勇于面对新课程的挑战，积极主动参与英语课程优化，转变观念，努力建构与英语课程优化发展要求相适应的智能结构。

一、智能结构的组成要素

过去谈教师素质，我们较多强调的往往是教师应具备什么的知识结构，且主要局限于"学科知识＋教育学知识"这种传统模式。掌握一定的学科知识和具有传授这些知识的能力和方法，成为衡量一个教师是否成其为教师的重要条件。把教育的功能狭窄地定位在传道、授业、解惑上面，知识的传递成了教育的终极目标。而现代教师的智能结构，指的"是一种以特定专业的任务为依据的，由广博深厚的知识基础、协调发展的智力和能力及生机勃勃的创新精神有机结合的立体式、开放式结构，具体由知识结构、智力结构和能力结构三个要素组成"。

（一）知识结构

1. 本体性知识

所谓本体性知识就是教师所教的学科专业知识。一个教师从事英语学科的教学，英语学科专业知识就是其本体性知识，也是其胜任教学工作的基础性知识。教师必须准确理解本学科的基础知识、熟练掌握相关的技能技巧，只有在此基础上他才有精力去设计课堂教学活动，把关注点更多地放在学生及整个教学的进展状态上，而不是仅仅关注自己是否把知识讲错或把习题做错。作为一个英语教师，要掌握好英语的语音、词汇和语法等基础知识和精湛的听说读写等基本技能。高中英语教师除了能开出必修课外，还要为学有余力的学生开设选修课程。在这些领域里，教师的知识越渊博越好，但仅有渊博的知识，尚不足以从事好基础教育的英语教学工作。

2. 支持性知识

所谓支持性知识主要指为学科专业知识的教学工作提供支持和支撑作用的知识，包括马克思主义哲学、古今中外的科学思想论、广博的横向知识及系统的教育教学理论知识等。过去，由于许多教师没有重视哲学和科学方法论的掌握，从而导致自己哲学思想的贫乏和思维方法不当。联想到对英语教学中很多问题的讨论，有相当一部分人表现得偏激且过头、缺乏分寸感，不能守"度"，例如，一提到"培养学生的综合语言运用能力"，就有人说："那语法还用不用教？"；一提到任务型语言教学，就有人说"你只倡导任务型语言教学，那其他的方法还用不用？"；一提到"自主学习、合作学习和探究学习"，便有人对接受式学习诚惶诚恐，对教师的主导作用持排斥态度，甚至硬性规定教师一节课最多只能讲几分钟等。分析这种极端的做法，其主要原因是缺乏辩证思维和科学的思维方法。改革是要以弘扬优良学习传统为基础，在继承中创新，在改革中"扬弃"。因此，在这次课程改革中，教师应在重建自己的知识结构时补修哲学这一课。切实掌握好这个"度"，而这个"度"的正确掌握意味一个教师在从幼稚走向成熟。因为守"度"从来就不是人生小技巧，而是人生的大智慧。

广博的横向知识指跨学科、跨领域的基本知识，也就是指有关科学和人文两方面的基础知识。由于青少年充满好奇心和求知欲，他们随时会向老师提出各种各样的问题，而一个知识渊博的教师能进一步激发学生的学习欲望。很难想象，一个对科学和人文知识异常匮乏的教师能够给学生带来积极的影响。另一方面，由于互联网络的飞速发展，学生获取信息的渠道多元化，学生在许多方面所拥有的知识甚至会超过某些教师。但他们有成长中的烦恼，有各种各样的矛盾冲突，他们希望和老师一起分享、一起沟通。但如果教师缺乏广博的知识和与学生共同的语言，要想做到这一点将是异常困难的。

系统的教育教学理论知识主要由帮助教师认识教育对象、教育教学活动和开展教育研究的专门知识构成。具体来说，指对教育的对象——人的认识，教育哲理的形成、管理策略、教育教学活动的设计、方法的选择、教学评价、现代教育技术手段的运用及如何开展教育科学研究等。它能为英语教师的教学行为提供基本的理性支点。面对新课程，教师除了要认识到自己在课程改革中的作用之外，必须要对课程的基本理念有所了解。唯有如此，才能在思想上全面把握改革思路，在实践中全面贯彻改革精神；才能够在认识基础教育的未来性、生命性和社会性的基础上，形成新的教育观、学生观和教育活动观。《基础教育课程改革纲要（试行）》、英语学科课程标准及其解读是每个教师的必读材料。教学法方面的知识包括一般教学法知识和学科教学法知识。一般教学法知识的学习和掌握关键在于如何在实际的教学过程中灵活运用。英语教学法方面的知识除包含有外语（第二语言）教学的理论，如语言本质理论、外语（第二语言）学习理论、习得理论等外，还具有很强的实践性，即能够运用语言教学的理论，选择符合语言教学规律的教学方法来进行英语的语音、词汇、语法、文化等的教学。

3. 实践性知识

它是"指向于教学行动与教学实践紧密结合的一种知识形态"。有用的教学常规、典型的教学和管理方面的案例、对课堂中突发事件的处理方法等都是教师的实践性知识。实践性知识与其他知识相比有如下几个特征：第一，行动性，而非理性，理论提供的只是方向，而不是具体的行动方案；实践性知识必须根据具体的教学情景在完成任务的过程中来获得，简单地说就是"做中学"；第二，经验性，而非普遍规律；第三，情景化和个体性，而非大众化，当教育理论知识向具体的教学情景转化以后，这种知识就带有个人的价值、情感和审美等特征，常常具有不可言传、只可意会的特点；实践性知识在教师的知识结构中占有重要位置。顾泠沅曾比较过职初教师、有经验的教师与专家教师的知识结构，发现在专家型教师的知识结构中实践性知识的占有是其成为专家的重要原因。随着教师的成长，实践性知识在教师知识结构中占有越来越重的位置。

（二）智力结构

教师的智力结构包括观察力、注意力、记忆力、思维力、想象力和判断力。其重点是发展教师的思维力，尤其是反思性思维能力。

培养教师的反思性思维能力十分重要，它能有意识地调控教师自己的教学行为，减少因思维定式而形成的有些错误的实践性知识。波斯纳提出了一个教师成长公式：经验＋反思＝成长。他还指出，没有反思的经验是狭隘的经验，至多只能形成肤浅的知识。如果教师仅仅满足于获得经验而不对经验进行深入思考，那么他的发展将大受限制。

（三）能力结构

教师的能力结构主要包括教育教学能力、教育科研能力和人际交往能力。过去强调得比较多的是教师的教育教学能力，而教育科研能力和人际交往能力则往往被忽视。

1. 教育教学能力

指教师能根据教育教学的有关理论，在充分了解学生和研究教材的基础上，确立教学目标，规划教学过程，选择教学方法，运用教学媒体，实施组织教学，进行教学评价的能力。在教师的教育教学能力中，值得强调的是教师的管理能力。管理不仅仅是一种方法，更重要的是教师能够按教育目的规划教育活动的决策与设计能力。此外，对教师来说，更要使管理本身成为一种教育的力量，让学生学会自己管理自己，在管理的过程中锻炼自己、培养自己与他人合作的能力。教师具备了这样一种管理能力，就不会把学生仅仅当成被管理的对象，把他们管死，而是给学生自己锻炼的机会和成长的空间。

2. 教育科研能力

指研究学生及英语教育教学实践的能力，教师的研究能力主要表现在英语教师对自己的教和学生的学进行反思的能力，把看似常规的教学行为"问题化"，善于发现问题，提出假设，进行试验，创造性地、系统地去解决问题，从而不断改进自己的教育教学工作。传统的教学比较重视教育传递知识的功能，忽视了教师工作的创造性特征，忽视了教师教育科研意识和能力的培养，致使许多教师科研意识淡薄、科研知识和能力缺乏，怀疑外语教育理论和外语教育研究的功效。由于缺乏问题意识，对日常教学工作没有保持一个敏锐感和探索的习惯，所以长期不能提高自己的专业水平及提升自己的职业生涯。

3. 人际交往与合作能力

即理解他人和与他人交往及合作的能力。"他人"，首先指学生，要想实施有效的教学，离不开教师与学生之间的对话、交流和精神沟通；其次，教育教学是一个系统工程，英语教学中的许多问题需要群体教师的通力合作才能解决；为了取得家长、社区和研究机构的支持，教师还需要与家长和社会有关机构人员建立有机的联系。例如，英语课程优化中评价体系的建立，就远非单个英语教师个体的力量所能完成，它需要不同部门、不同人员的相互配合，通力攻关才能完成。

二、教师智能结构重建的基本途径

（一）树立专业发展意识和终身学习的观念

树立终身学习的观念是教师专业发展的重要方面，而要做到终身学习，教师本人就必须有专业发展的意识。"只有具备自我专业发展意识的教师，才会产生内在的专业发展动力，进而获取专业发展。而且，在目前高速发展的社会中变革已成为常态，能否自觉地有意识地随时抓住发展的机遇，也已成为现时代专业教师的一个基本要求。"没有忧患意识，只满足于现状，不能做到与时俱进，最终会被时代所淘汰。有研究表明，在师范院校学习的学生，只能获得他一生担任教师所需知识的20%，另有80%的知识要在岗位上通过不断进修来获取。因此，树立教师专业发展意识，明确教师发展的智能结构，形成自我专业发展的能力，让教师自己成为专业发展的主人，对每一个教师来说都是非常重要的。

（二）不断更新个人的知识结构

由于时代不断飞速向前发展，知识老化的速度也会加快；同时学生接受来自不同渠道的信息，思维活跃，见多识广，求知欲强，教师唯有更新知识，培养自己多方面的兴趣和爱好，才能满足不同学生的需求。第一，要加强学习哲学和教育哲学。许多英语教师对哲学的了解只是一鳞半爪，并没有形成完整的思想体系。第二，要学习自然科学和社会科学知识。通过报纸、杂志、网络和书籍了解当今世界科学发展的最新动态，为自己的教育教学提供源源不断的背景支持。第三，对专业知识有高层次的追求。英语作为一门语言，人们对它的研究分得很细，有英语语言学、心理语言学、语用学、语法学、语篇分析、文体学、英语修辞学和英美文学等；英语教学既是科学，又是艺术，包括的分支有外语教学法流派、英语教育学和英语教育心理学等。从目前中小学英语课程优化的趋势来看，英语教师必须对英语语言本身及其教学艺术有较高的造诣才能适应未来的发展。

（三）做个反思性实践者

反思是教师以自己的教学活动为思考对象，对自己的教学观念、教学行为及由此所产生的结果进行审视、分析、探讨和研究的过程。反思是教师沟通教育理论和实践的桥梁。教师不应仅是被动接受别人的理念，而应该做到无论该理念正确与否，都对它进行反思、研究；即使是教师本人在实践中所形成的隐性的思想、观念也应成为反思的对象。同时，反思应经常化和制度化，让自己在反思中生活和工作。在反思的内容上，应列出一个理想的智能结构表，对比自己目前的智能结构，看看存在的差距有多大，而后采取措施予以补正。

（四）良好教师文化的建设者

有人曾对目前校园中教师文化进行了分类研究，一种是孤立的、单独的个人主义文化，教学被认为是个体的、独立的工作，教师只关注自己的教学，与其他教师很少交流，相互之间彼此隔离。第二种是分化的文化，教师工作相互分立，相互之间为争取资源、时间等而处于相互竞争中。第三种是合作的文化，教师之间坦诚相待，互信互助，认为合作对每个人都有利，"和而不同"，对不同的观点予以宽容和理解。第四种是硬性"合作"文化，教师之间的合作是基于学校行政人员的意图和兴趣来进行，由于这种合作不是发自教师内心的行为，教师间互助效能不能得到最大化的发挥。第三种合作的文化，是我们所提倡的理想的学校文化。作为学校领导，要为合作文化的建设提供有利条件；作为教师，则要在观念上予以认同，在行动上积极参与，使自己成为一个积极向上的文化建设者。

第三章 大学英语课程思政实践研究

第一节 课程思政在大学英语教学中的价值与实践

随着高校思想政治教育工作的加强,"课程思政"逐渐深入地融入大学英语教学中,对英语课堂的教学效果产生着深远的影响,也为引领大学生价值取向提供了新的契机。在高校教师在大学英语教学中,以大学生价值取向现状和大学生对英语课的要求为现实依据,以课程思政及大学英语教学的功能为理论依据,以课程思政功能与英语教学功能两者有机统一为基本原则,积极地探索引领大学生价值取向的应用路径。

当代大学生生活在一个信息丰富的时代,也生活在一个各国文化互相渗透的国际环境里,其价值取向尚不稳定,易受到各种外部环境的影响。党中央对新时期高校思政教育工作高度重视,"课程思政"便成了高校思政教育工作模式创新的主流趋势。大学英语课程是大学生最易受外来文化与思潮影响的基础课程,所以,大学英语课程所承担的思想政治教育责任更重大,新时期高校英语教师的职责已不再限于单纯地向学生传递外语知识,还肩负着引领大学生价值取向的责任,要力求实现英语知识传播与立德树人的协同发展,促进大学英语教学与"课程思政"的有机融合。

一、课程思政在大学英语教学中应用的依据

(一)现实依据

"课程思政"融入大学英语课堂,必须立足现实,从实际出发,这是最基本的原则。要立足于大学生价值取向的现状,客观评价大学生价值取向积极与消极的方面,找出问题所在,找到突破口,才能有的放矢、有针对性地对其进行引导。教师还要立足于大学生对大学英语课程的要求和期待,只有满足了学生对英语课的基本要求,才能让学生爱上课,才能让学生最大限度地吸收教师传递给他们的知识和价值观。

1.大学生价值取向现状——大学生价值取向出现多样化态势

为了解大学生价值取向现状,课题组设计了"大学生价值取向"的调查问卷。共发放了 300 份问卷,收回 275 份,有效问卷 271 份。通过对大学本科学生价值取向的调查数据进行分析,发现大学生呈现出多样化的价值取向。

第一，入党动机多样化。对"你是否是党员/想成为党员"这一问题的回答中，93%选择"是"，只有7%选择"否"；对"你的入党动机是什么？（可选多项）"这一问题，我们给出了六个选项，被调查者中，37%选择了"贡献社会，为人民服务"、30%选择了"感觉光荣，个人和家庭都光彩"、18.3%选择了"为毕业后找好工作"、10.6%选择了"追求执政党的好处"。

第二，判断人生价值的标准多样化。对"判断人生价值的标准是什么？（可选多项）"这一问题，我们给出了五个选项，被调查者中，36.5%选择了"能否给自身和家庭创造美好的生活"、29%选择了"能否对社会做贡献"、18.7%选择了"能否积累更多的财富"、13.2%选择了"能否获得较高的权利和社会地位"。

第三，大学选择专业时，注重的因素多样化。对"大学选择专业时，你注重的因素是什么？（可选多项）"这一问题，我们给出了六个选项，被调查者中，26.4%选择了"个人兴趣爱好"、24.9%选择了"将来的就业前景"、24.7%选择了"掌握专业技术"、10.8%选择了"学习人文社会科学"、8.1%选择了"有家族/社会关系基础"。

第四，学习目的多样化。对"你现在学习的目的是什么？（可选多项）"这一问题，我们给出了六个选项，被调查者中，25.6%选择了"提高自身素质"、24.9%选择了"为就业做准备"、18.2%选择了"为社会做贡献"、15.9%选择了"对得起父母"、11.2%选择了"获得高绩点、奖学金"。

第五，选择未来职业时注重因素的多样化。对"选择未来职业时注重的因素是什么？（可选多项）"这一问题，我们给出了九个选项，被调查者中，21.6%选择了"收入水平"、21.1%选择了"专业对口"、18.6%选择了"个人发展"、15.8%选择了"工作地点"、9%选择了"舒适度"、6%选择了"社会地位"。

从被调查者对以上五个方面的选择中，可以看到，大学生的价值取向是多样化的，其中有与我国的主流价值取向是一致的、积极的，也有与主流价值取向相悖的、消极的。

2. 大学生对大学英语教学的愿望和要求——大学生愿意英语课中融入思政元素

为了解大学生对大学英语教学的愿望和要求，课题组设计了"关于大学生对大学英语教学的愿望和要求"的调查问卷。共发放问卷200份，收回178份，有效问卷170份。这些学生为在校本科一至四年级学生，来自全国21个省份。通过对调查数据的分析，得出以下结论：

第一，大学生普遍喜欢上英语课。对"你喜欢上英语课吗？"这一问题，被调查者中99%表示"非常喜欢"和"喜欢"。由此可见，英语课在学生的课程体系中占据重要的位置，学生主观上也愿意参与到英语课堂中来，这就为英语课程引领大学生价值取向提供了很好的基础。

第二，大学生愿意英语课堂中融入思政元素。对"你希望大学英语课堂融入思政元素吗？"这一问题，被调查者中，83.5%选择了"非常希望"和"希望"，这说明学生们认识到，思想政治素质是一个人素质的重要组成部分。他们认同"课程思政"这一概念，也希望在英语课堂中看到英语和思政碰撞出火花。

第三，大学生认为英语课堂内容有可能改变他们的价值观。对"你认为大学英语课堂的内容可以改变你的价值观吗？"这一问题，被调查者中，29.4%选择了"肯定会"、45.9%选择了"可能会"、24.7%选择了"不会"，学生们不仅认同"课程思政"这一概念，对思政元素融入英语课堂还抱有积极的预期。价值观是推动并指引人们决策和采取行动的核心，是人思想观念中最稳定的部分之一，但大学生心理情感尚未完全成熟，客观上讲是有可能被改变的。而大学生的主观预期与这一客观事实相吻合，这就会使得课程思政在大学英语教学中引领价值取向的过程变得更加顺畅。

第四，大学生最希望在英语课堂中提高交流能力。对"你最希望在大学英语课堂中提高哪一方面？"这一问题，被调查者中，38.2%选择了"交流能力"、28.2%选择了"成绩"、20.6%选择了"人文素养"、13%选择了"思想境界"。这一调查结果体现了大学生对英语课的期待更倾向于实用性。所以，即便是英语课程中加入了思政的元素，也不能影响英语课程的实践性和实用性，不能偏离英语课最根本的教学目标，不能偏离学生对英语课的期待。反之，应该使思政和英语巧妙地结合在一起，在达到学生期待的同时，引领学生的价值取向。

（二）理论依据

理论依据就是课程思政的功能和大学英语课的功能，依据这两者的功能，课程思政应用于大学英语教学中，才能真正达到引领价值取向的目的。

1.课程思政的功能

课程思政，从本质上讲，是一种理念与价值的培育与输送，使社会主义核心价值观的浸润和各种知识传授同频共振，让学生从专业成才到精神成人。

课程思政发挥着重要的社会功能。第一，课程思政是巩固意识形态主导地位的主渠道。当前我国正处于实现中华民族伟大复兴和全面建成小康社会的关键时期，各种社会思潮暗流涌动，相互碰撞，对我国的意识形态具有极大的冲击性，课程思政的实施有助于巩固意识形态的主导地位。第二，课程思政是加强学生对中国特色社会主义道路自信、理论自信、制度自信、文化自信的主阵地。当今国际环境依然复杂，多种社会发展道路、社会制度、理论体系、思想文化并存，思想观念尚不成熟、价值取向尚不稳定的大学生难以进行辨别、取舍。课程思政的实施，可以帮助学生对各种价值思潮进行比较、鉴别，取其精华，去其糟粕，加强学生对中国特色社会主义的道路自信、理论自信、制度自信、文化自信的理解。第三，课程思政是提高大学生思想品德修养的主要路径。"德才兼备，以德为先"是我国衡量人才的标准，立德是为人的前提，有才无德，会对他人和社会带来危害。所以，加强公民的思想道德修养无论是对社会个体还是对集体、国家、社会都具有十分重大的意义。大学生肩负国家的未来，加强其思想道德修养更为迫切，课程思政的实施为提高大学生思想品德修养提供了新的路径。

2. 大学英语教学的功能

大学英语在学生的课程体系中扮演以下四中角色：第一，英语是一种工具，它不仅是一种交流工具，还是一种科研工具。工具性指的是大学英语教学要注重培养大学生的听、说、读、写、译的能力和跨文化交际能力，并掌握与专业或未来工作有关的学术英语或职业英语，获得在学术或职业领域用英语进行交际的能力。第二，英语课堂是学生通过各种英语考试的练兵场。大学期间取得英语证书是学生完成学业的必备条件，也是毕业以后进入工作岗位的敲门砖。无论学生本科毕业之后是要考研、工作还是出国留学，英语都是必须掌握的学科。英语课堂的练兵场功能就是科学系统地提高学生英语水平、提高应试技巧、创造竞争环境，督促学生全身心投入到英语学习中来。第三，大学英语能增进学生对不同文化比较鉴别的能力。大学英语是一门人文学科，人文性指的是大学英语教学要让学生了解国外的历史与文化，增强对不同文化的理解能力及对中外文化异同的比较能力。人文性的核心是以人为本，弘扬人的价值，注重人的综合素质的培养和全面发展。在大学英语课堂中，学生可以交流思想、开阔眼界、培养审美、提升人文素养。第四，大学英语课是课程思政的重要组成部分。习近平总书记在全国高校思想政治工作会议上强调：要用好课堂教学这个主渠道，各类课程都要与思想政治理论课同向同行，形成协同效应。大学英语课程，作为一门公共必修课，理应把立德树人放到重要的位置。

二、将课程思政应用于大学英语教学中引领价值取向应遵循的原则

课程思政运用于大学英语教学中，引领学生价值取向的过程中，必须遵循一些原则，才能达到它的目标，取得应有的效果。

（一）弘扬大学生价值取向积极元素的原则

课程思政是用主流的意识形态引导学生的思想，即在多种文化激荡的时代，告诉学生如何分辨主流文化和非主流文化、积极向上的文化与颓废的文化。习近平总书记在全国高校思想政治工作会议中明确了立德树人是高校的立身之本，高校思想政治教育关系培养什么样的人、如何培养人及为谁培养人这一根本问题。树立社会主义核心价值观，是党和国家对新时代大学生成长目标的要求，也是大学生必修的思想政治理论课。

审视当前大学生价值取向的现状，仍存在一些问题和不稳定因素。如大学生理想信念不够坚定、对社会发展缺乏信心、对外来文化的盲目崇拜及对本国的文化缺乏自信；大学生的价值取向趋于多样化；价值取向功利化，会使学生为了达到目的而不择手段，从而危害社会。大学英语课堂应当帮助学生排除学生价值取向中消极的因素，弘扬其积极因素。

英语课堂应当以社会主义核心价值观为引领，加强对大学生的价值观教育，帮助他们坚定对建设中国特色社会主义的信念、对改革开放和现代化建设的信心、对中国共产党的

信念，使他们以祖国和人民的利益为重，自觉投身到实现中华民族伟大复兴中国梦之中。

（二）加强大学英语教学功能的原则

大学英语课作为高校全体大学生的必修课程，应该承担好发展学生语言知识能力和培养英语技能的教学任务。语言是意识形态和价值观念的载体，英语这门学科的教学具有特殊性，大学英语不仅是一门语言基础课程，也是拓宽知识、了解世界文化的素质教育课程，兼有工具性和人文性。大学英语课堂应守好自己的阵地，扮演好该学科在课程体系中的角色，让学生爱学英语，爱上英语课，才能更好地引领大学生的价值观，此外，大学英语课堂应营造和谐多样的校园文化氛围，使大学生在接受、体验、分享中培育社会主义核心价值观。不能因为大学英语教学中融入思政元素，而削弱大学英语本身的教学功能，应该在不削弱甚至加强其功能的基础上，达到引导大学生价值取向的目的。

（三）课程思政的功能与大学英语教学的功能统一的原则

大学英语课堂不仅要帮助当代大学生掌握与世界接轨的语言，更要使学生通过把中国和他国进行比较，了解中国特色和中国智慧，树立民族自豪感，成为正确认识时代责任和历史使命的新时代青年。大学英语教学应该发挥好传授知识、培养技能和开展思想政治教育的双重功能。只教授本门课的知识，就不能利用好大学英语课堂这一良好的课程思政路径；只顾融入课程思政而忽视英语课本身的功能，就失去了英语课堂本身的意义与活力。大学英语教学目标、教学内容及教学过程同高校思想政治教育目标、内容、过程是统一的，两者的目标都是为国家培养一流的人才。在具体教学内容及教学过程中，大学英语教学与思想政治教育应达到互相融入、相互促进的效果。

三、课程思政在大学英语教学中引领价值取向应用的路径

（一）课程设计

大学英语教材的设计和编写是课程设计的基础。学生语言知识和技能的学习很重要，教材内容的思想性和教育性，以及所体现出来的价值取向同样重要。理应在教学内容知识性允许的范围内，最大限度地选择能够提高学生人文素养、思想品格和心理素质的内容。选取的教材应对大学生世界观、人生观和价值观的形成有积极的正面作用。同时，还应注重内容的现实性和趣味性，不能一味地说教，以免学生丧失学习兴趣。总之，设计教材应找到知识和思想的平衡点，实用性和趣味性的平衡点，使学生愿意学，既能提高语言技能，又能提高政治素养。

在设计教学目标和教学方案时，应将思想政治教育加入课程目标和实施方案中。教师在课堂上应该不仅注重文化知识的传播，还要结合教学内容中反映审美情趣、积极奋斗、创新精神等素材，加以解析、教育和宣传，正面引导学生的价值取向。积极地开展翻转课堂和互动式教学，给学生更多表达自己，交流思想的机会。在学生交流过程中，应关注学

生的思想动态，对积极的价值取向予以认可和鼓励，对消极的、不利于学生身心发展的价值取向予以引导和纠正。

（二）学生成绩评价机制

大学生英语成绩评定机制由形成性评价和终结性评价组成。形成性评价就是关注教学过程，教师评价的重点是学生在学习过程中所做出的努力并对他们的努力程度和进步表现做详尽的记录。教师在对学生进行形成性评价的过程中，把课程思政的因素考虑进去，以此来正确地引领学生的价值取向。关注学生的努力程度这一形成性评价过程本身就是在引领大学生的价值取向——学习注重的是自身纵向的提高，而非单纯且功利地提高横向的排名或成绩。在学生"提高"的这一维度里，教师应把思想政治素质的提高，价值取向积极的转变融入进去。学科知识上的进步，努力程度的提高及思想政治素质的提高同样都是值得被记录和表扬的。完善了这一评价激励机制，学生转变价值取向的动力会有所提高。

大学英语课程，是面向本科非英语专业学生的一门公共基础必修课。它受众面广，且有其承载着西方文化意识形态的特殊性。所以，大学英语课程是实施课程思政的重要舞台，是引领大学生价值取向的重要阵地。教师不仅应该坚守好传授英语知识这一主阵营，更应积极推进课程思政的融入，并巧妙地对其加以运用，从而在引领大学生价值取向方面发挥更加积极的作用。

第二节　大学英语"课程思政"教育元素挖掘实践

根据《高校思想政治工作质量提升工程实施纲要》提出的构建"课程育人质量提升体系"的要求，通过大学英语《新标准综合教程第一册（第2版）》教学实践，探讨如何以适当的外语教学理论为指导，结合时政要闻及社会热点，从教学材料中挖掘思政元素，诠释"爱国、敬业、诚信、友善"社会主义核心价值观，把"课程思政"教学理念有意、有机、有效地融入大学英语教学各环节中，以期在提高学生语言知识及能力的同时，引领学生树立正确的价值观，实现思想政治教育与知识体系教育的有机统一。

一、大学英语"课程思政"教育元素

党的十八大提出了倡导富强、民主、文明、和谐；倡导自由、平等、公正、法治；倡导爱国、敬业、诚信、友善的重要理论，三个"倡导"分别从国家、社会、个人三个层面高度概括和凝练出社会主义核心价值观，是实现习近平总书记提出的中华民族伟大复兴中国梦的基本要素。为充分发挥高校教学对青年学生核心价值观的引领作用，大力提升高校思想政治工作质量，2017年12月教育部党组印发了《高校思想政治工作质量提升工程实

施纲要》(教党〔2017〕62号，以下简称《实施纲要》)。《实施纲要》提出了高校思想政治工作的总体目标，即要充分发挥中国特色社会主义教育的育人优势，以立德树人为根本，以理想信念教育为核心，以社会主义核心价值观为引领，又要着力培养德智体美全面发展的社会主义建设者和接班人，着力培养担当民族复兴大任的时代新人。同时提出了十大基本任务，首要任务就是构建课程育人质量提升体系，大力推动以"课程思政"为目标的课堂教学改革，优化课程设置，修订专业教材，完善教学设计，加强教学管理，梳理各门专业课程所蕴含的思想政治教育元素和所承载的思想政治教育功能，融入课堂教学各环节，实现思想政治教育与知识体系教育的有机统一。

随着"课程思政"理念的提出，许多高校以此为目标推进了教学改革，大学英语教学也出现了新趋势。大学英语课程作为语言学科，包含丰富的思想观念、人文精神、道德规范，如何进行价值引领，使其与思政课程同向同行，更好地为人民服务、为中国共产党治国理政服务、为巩固和发展中国特色社会主义服务、为改革开放和社会主义现代化建设服务，将是大学英语教学改革主要研究的方向。在此背景下，越来越多的教师开始尝试在传授语言知识、培养技能的课堂教学中融入思想政治教育内容。有些学者和教师研究和论证了思政课程的重要性和可行性，也有不少学者和教师探索了在英语教学中开展思政教育的途径。但对于如何从教材中挖掘思政教育素材，并通过适当的教学法理论指导，有效实现课程思政的教育目标，仍有待于进一步探索和研究。正如谢琪岚所指出的，大学英语教师一般是语言文学或语言教育学专业背景出身，缺乏思想政治专业背景和相关教学经验，很多教师对"课程思政"的意义和内涵的理解不够深刻，不知道如何有效捕捉教学内容中的思政元素，不能实现思想政治教育与英语知识体系教育的有机统一。本节尝试从教学材料中挖掘思政元素，诠释"爱国、敬业、诚信、友善"社会主义核心价值观，把"课程思政"教学理念融入大学英语教学各环节中，以期在提高学生语言知识及能力的同时，引领学生树立正确的价值观。

二、结合教材内容，挖掘思政元素

目前各大高校非英语专业使用的大学英语教材，内容和题材十分广泛，其中蕴含着丰富的思政元素。本节以《新标准大学英语综合教程第一册（第2版）》（以下简称《新标准1》）为例，探讨如何从单元教学材料中挖掘思政元素，并以合适的教学理论为指导，将"爱国、敬业、诚信、友善"的核心价值观融入各教学环节，从而把"课程思政"教学理念有意、有机、有效地融进大学英语教学。

（一）"爱国"元素的挖掘实例

爱国主义是中华民族民族精神最稳定的文化基因，要求中国公民充分肯定自己国家发展的成就，对有本国特色的理论、道路和制度充满自信。培养学生的爱国情怀是大学教师的责任，在教学中有效地开展爱国主义思政教育需要教师提前做很多功课。

1. "爱国"素材选取

《新标准1》第五单元AR1（*Making the Headlines*）就是一篇非常好的爱国主义素材。主要讲的是以英美为首的一些发达国家经常利用在科技和经济文化中的优势，极力对其他国家进行文化侵袭和扩张，输出其价值观。同时，国内外反动势力在一些重大问题和事件上散布虚假信息，混淆视听，扭曲真相。使部分大学生在一定程度上对一些消极思想和不正确言论感到迷茫和困惑，对中国传统文化和政治体制的认同感下降甚至丧失。因此，如何合理利用本单元的素材，并通过适当的教学法引导，帮助学生拨开迷雾，充分认识到中国的发展成就，坚定"道路自信、理论自信、制度自信、文化自信"，培养爱国情怀，这是笔者在这一单元要实现的课程思政教育目标。

2. 教学法选择：比较教育法

"比较教育法"是思想政治理论课中一种效果显著的教学方法，即将两种不同现象或事物的属性、特点进行比较鉴别，引出正确的结论，用以提高思想认识。在这里，教师是课堂活动的组织者、语言支架的搭建者、学生见解表达的协助者。而作为主体的学生，需要充分发挥主观能动性，积极调动批判性思维，在知识维度、能力维度和素质维度得以全面提升的同时，将爱国主义自然内化成自己的精神支柱。

为此，笔者通过正面事实和反面事例的比较，引导学生认识到西方政客和媒体所谓的"言论自由""客观""公正"实际上都包裹着他们的意识形态，是为了获取自己的国家或商业利益。

在课前预习环节，笔者要求学生收集2020年1月至5月国内各大主流媒体的头版头条的新闻焦点。学生通过网上搜索发现，中国各大媒体在这一时期的头版头条几乎都是有关国内"抗击新冠疫情"的报道，从武汉封城到全国医疗队支援武汉，再到武汉解除封锁、新冠病例清零、国家经济重启……所有这些都说明自新冠肺炎疫情发生后，中国政府将疫情防控作为头等大事，把人民生命安全和身体健康放在第一位，全党、全军、全国各族人民团结一致，众志成城，打了一个漂亮的疫情防控战，这与很多欧美国家的防疫失败形成强烈对比。学生从这些新闻报道中读懂了这场战"疫"中所展现出来的中国力量、中国精神、中国效率，表示更加认同我们的国家制度、社会主义道路和党的领导作用。

在课文的 warm-up 环节，笔者先设计了两个问题供学生展开小组讨论并分享见解，为后续思政内容的融入做铺垫。

（1）What are the principles of journalism?

（2）Do you trust the current media? If not, what's wrong with the media?

在课文学习环节，笔者使用比较教育法隐形植入思政教育内容。学生先就课文第8段的内容展开讨论，分享自己的见解：

But TV news is not necessarily more objective or reliable than a newspaper report, …This is why it is usual to talk of the "power of the media" –the power to influence the public, more or less covertly.

接着，教师不做任何主观引导，学生就笔者选取的《纽约时报》2020年3月8号报道中国和意大利"封城"的两段文字，以小组为单位，比较报道的主题、用词的褒贬和潜在的态度。

To fight the coronavirus, China placed nearly 60 million people under lockdown and instituted strict and quarantine and travel restrictions for hundreds of millions of others. Its campaign has come at great cost to people's livelihoods and personal liberties.

（*New York Times* 10.30 AM.March 8, 2020）

Breaking News: Italy is locking down Milan, Venice and much of its north, risking its economy in an effort to contain Europe's worst coronavirus outbreak.

（*New York Times* 10.50 AM.March 8, 2020）

通过比较以上两段文字，学生不难发现：针对中、意两国同一项防疫措施，这两篇发布时间仅仅间隔20分钟的报道，其立场却大相径庭，这赤裸裸地表露了西方媒体的"双标"价值观。《中国日报双语新闻》对外媒有关中国抗疫的报道进行深入分析后发现，西方媒体对有关中国新冠肺炎疫情的报道大多数是负面的，很多本该中立的报道经过西方媒体的加工变成了"负面消息"。

课后拓展环节，笔者要求学生从任一西方主流媒体选择一条有关中国抗疫和一条西方国家抗疫的报道，从受访者或目击证人的选择、图片的拍摄角度、具有评价意义的词汇的选用等层面，至少选择一个方面进行对比比较。

3. 教育目标达成

在本单元三个教学环节中，学生通过对正反材料的对比比较，同时结合自己的切身经历和感受，深刻认识到中国特色社会主义制度具有显著的优势，是打赢疫情防控阻击战的根本保障，中华儿女众志成城、共克时艰的民族精神是打赢疫情防控阻击战的动力源泉。完成本单元教学后，学生们的爱国意识显著增强，也更加坚定了"道路自信、理论自信、制度自信、文化自信"。

（二）"敬业"元素的挖掘实例

爱岗敬业体现的是公民热爱、珍视自己的工作和职业，勤勉努力，尽职尽责的道德操守。任何一个社会的保存和发展，都是以其成员勤奋工作、创造价值为前提的。而大学生作为祖国未来发展的栋梁，对其敬业精神的培养更是关乎国家的前途和民族的命运。

1. "敬业"素材选取

对于大学生来说，热爱所学专业并通过不懈努力提高自身专业技能、科学素养和社会责任感，树立为社会发展贡献自己才智的坚定信念是敬业精神的一种体现，但由于社会环境和自身因素的影响，部分大学生存在敬业精神缺失的问题。大学教师有义务和责任在传道授业解惑的同时，注重培养学生的敬业精神。

《新标准1》第8单元AR1篇章（Quitters are winners, Bulldogs are losers），是一篇非

常具有思辨性的文章，作者从另一个角度对我们一直推崇的 bulldogs 精神提出了质疑，并提出了 Quitters 是胜利者的论点。如果学生没有认真领会文章的深意，可能会错误解读作者的观点，为其逃避困难、不思进取找借口。这是进行敬业教育非常好的素材，因此笔者在组织这一单元教学时，充分利用这一教学输入材料进行思政教育。

2. 教学法选择：产出导向法

外语教育家文秋芳教授在产出导向法（POA）理论中提出了全人教育说（Whole-person Education Principle）。POA 理论认为，语言教育面对的是人，人是有情感、有思想的高级动物，教育要为人的全面发展服务，就需要顾及人的智力、情感与道德等各个方面。具体而言，外语教学不仅要实现提高学生英语综合运用能力的工具性目标，而且要达成高等教育的人文性目标。要达到人文性目标，就需要认真选择产出任务的话题，精心选择为产出任务服务的输入材料，巧妙设计教学活动的组织形式。

在 warm-up 环节，笔者首先为学生准备了一个视频导入材料，该视频为美国著名篮球运动员科比的访谈节目，节目中科比介绍了自己成功背后的原因，科比是很多学生心目中的偶像，他的成功故事具有激励和启示意义。笔者提前设计了一些问题供学生观后讨论：

（1）What do you think contributes to his success?

（2）What's his work ethic like?

（3）How does he get mentally and emotional so strong?

（4）Why does he keep challenging himself and trying to do something which seems impossible?

通过观看视频，学生了解到科比成功的原因是他对篮球执着的热爱、不懈的努力和坚定的信念；其职业精神体现在二十多年如一日研究每一场比赛，分析自己的优势和劣势等方面；他不断挑战自我，超越自我，因为相信只有通过不懈努力才能达到不可企及的高度，他不想给自己留下任何遗憾。

随后，笔者引导学生进入课文学习环节，并针对作者的观点提问：Why does the writer say quitters are winners, bulldogs are losers? 通过仔细阅读文章，学生理解了作者的真正意图，文中的 quitter 并非指遭遇挫折就会放弃努力的半途而废者，而是指那些放弃不切实际的想法、追求可实现目标的人。

最后，拓展环节，笔者把文章题目 Quitters are winners, Bulldogs are losers 作为辩论话题，引导学生进行更深入的探讨，训练学生的批判性思维能力，帮助他们从不同的视角看待问题。针对这一辩题，正方同学从如何树立可行性目标入手，强调树立可实现目标的重要性；反方则从坚持自己的目标、不轻言放弃入手，强调只有通过不断挑战自我，才能实现更高的目标。

3. 教育目标达成

视频导入及课堂讨论活动使学生认识到，热爱、坚持、决心和信念是成功者必备的品质，这些品质特征无论对学生的专业学习还是未来的职业发展都至关重要。通过组织

Quitters are winners，Bulldogs are losers 话题的辩论，引发学生思考，达到了教学的工具性目标和人文性目标，即通过精选输入材料，精心设计产出任务话题和课堂活动，使学生通过观看、讨论、阅读、辩论活动，学会运用输入材料进行交流，并在潜移默化中得到价值观的升华。学生认识到树立可行性目标至关重要，但同时更需要热爱、坚持并不断挑战自我才能实现目标，这些品质正是敬业精神的具体体现。

（三）"诚信"元素的挖掘实例

诚实守信是人类千百年传承下来的优良道德品质。诚信既是个人道德的基石，又是社会正常运行不可或缺的条件。"诚"的内容又包括两个方面：一是真实，二为诚恳。"真实"是不有意歪曲客观事物的本来面貌，"诚恳"是不有意歪曲自己主观意图的本来面貌，简言之，就是要做到"忠于客观，忠于自己"。

1. "诚信"素材选取

近几年来，自媒体发展迅猛，网络的隐匿性给了一些自媒体人"随心所欲"的空间，甚至有的自媒体为了追求点击率而发布虚假信息，降低了自媒体所传播的信息的可信度，从而需要人们具备更强的辨别力。比虚假信息更具杀伤力的是那些千奇百怪、防不胜防的网络谣言，以及人们随手转发未经查证的小道消息，它们成了扰乱公众视听的帮凶。例如，自 2020 年 1 月新型冠状病毒疫情暴发以来，一些不法分子利用微信朋友圈传播谣言、抹黑国家、煽动大众的恐慌情绪，造成了极其恶劣的影响。

因此，高校教师应把传统文化中的诚信元素融入日常教学工作中，引导学生在面对纷杂的网络信息时保持清醒的头脑，提高辨别能力，做到不造谣、不信谣、不传谣、忠于客观；在学术上更应该讲求诚信，做到独立思考、杜绝抄袭。

《新标准1》第三单元 AR1Thinking for yourself 一文通过作者的亲身经历，阐述了独立思考、忠于自己的重要性，对于培养学生的批判性思维及培养学生公民层面"诚"的价值观而言，是一篇很好的素材。

2. 教学法选择：情景教学法

情景教学法就是教师依据课本内容所涉及的场景，借助外界的多媒体、图片、音乐、视频等再现课本中的情景，让学生仿佛身临其境，更好地感受、理解文章内涵。

在 warm-up 环节，笔者基于网上广为流传的关于疫情的三大谣言，即饮用高度酒能抵抗新型冠状病毒；熏醋可以杀死新型冠状病毒；出门需要护目镜，设计了两个问题供学生进行小组讨论以引出文章主题。

（1）Do you believe this kind of messages online?Why?

（2）Have you ever shared this kind of messages in your WeChat Moments?If yes，what do you usually do when you find out the truth?

在课文学习环节，笔者运用情景教学法，引导学生认识到诚实守信、忠于自己的重要性。按情景教学法的要求，笔者把学生分成四人一组，分饰"the math teacher""I""my friend Sarah""旁白"四个角色,对课文进行朗读和表演。通过有声有色地再现课文内容,学生们仿佛和作者一道回到 13 岁时的数学课堂,体会作者内心所受的煎熬——自我怀疑、紧张无助、彷徨无措,接受来自数学老师的一连串灵魂拷问——(既然知道答案)为什么不(大胆地)写出来?为什么(不相信自己而)问别人?数学老师的提问和答疑看似简单粗暴,实则意义深远。

最后作为课后拓展任务,笔者结合课上所学内容,布置了以下讨论话题:

(1) Will you copy others if you are not sure of your answers in the examination?

(2) When many of your classmates plagiarize in their essays, will you do the same?

3. 教育目标达成

通过预热环节的讨论,学生意识到,面对庞杂的网络信息要学会独立思考和甄别,不应轻易相信并随手转发不明来源的信息,给他人造成困扰和损失。这一环节在引出课文主题 Thinking for yourself(独立思考)的同时,通过组织学生结合时事热点话题进行讨论,使学生认识到"忠于客观"的重要性。

课堂学习环节通过运用"情景教学法",使学生真切地感受到相信自己、忠于自己的重要性,看似简单的数学问题,却是独立思考精神和诚信品格的体现。

拓展任务则促使学生进一步认识到诚信的重要性,以诚为本才不会让思考偏离主线,忠于客观、忠于自己、诚实守信,这是我们的社会所珍视的基本价值追求,也是个人安身立命之本。

(四)"友善"元素的挖掘实例

现代社会拥有较大的公共空间,人人都需要与他人互动,待人友善可以推动和谐社会关系的构建,这是"公民的核心价值规范之一"。与人为善是合格公民必须具有的素养,因此,教师需要在教学中将"友善"的概念融入大学英语课堂,挖掘课本中的课程思政教育资源。

1. "友善"素材选取

课程思政教育资源的挖掘要符合大学生认知,遵循成长规律。大学英语课堂面向大学一、二年级学生,这些学生来自全国各地,在新的环境中如何与同学和谐相处,是他们面临的一个挑战,需要教师及时进行引导,使他们意识到宽容友善的重要性。

《新标准 1》第一单元 AR1Diary of a Fresher 是一则大学新生日记,贴近学生真实生活,其中所反映的困难和问题正是大一新生面临的普遍问题,笔者充分挖掘这篇课文中的友善因素,对学生适时引导,进行课程思政教育。

2. 教学法选择:任务型教学法

"任务型教学法"指直接通过课堂教学让学生完成各种真实的生活、学习、工作等任务,以达到教育的目的。Willis 把任务分为三个阶段,分别是"任务准备阶段""任务执行阶段"和"语言加强阶段"。在准备阶段,教师需要进行任务的导入并提供真实的语料;

在任务执行过程中采用小组讨论等方法，让学生完成教师设计的教学活动；最后是任务输出阶段，聚焦语言，教师进行反馈，帮助学生解决在任务完成过程中出现的语言问题并总结学习难点。

新生入学是学生的真实经历，笔者为学生设置基于此的真实任务，通过这些任务载体，在增强其实际英语应用能力的同时，启发学生思考如何在新环境下与同学相处。通过完成各项输入和输出任务，达到引导学生"待人友善"的思政目的。

首先是"任务准备阶段"，也是本篇课文的导入阶段。笔者让学生通读全文，找出作者在开学之初经历的事件，完成第一个任务：填写表格。

在这一阶段，要求学生带着任务阅读，有针对性地找出作者经历。教师在课程开始阶段让学生接触大量真实的语言材料对于实施任务型语言教学非常重要。课文是一名新生的日记，符合学生的认知水平，能够激发学生的学习兴趣，为任务的进一步开展打下了基础。

同时，教师引导学生仔细阅读文章的第二部分，体会作者与大学辅导员见面的情景。

…I meet my tutor,…, who looks determined to be affable.…As he speaks, he moves his head from side to side, which makes his coffee spill into the saucer…. "Splendid", he barks, without waiting for the answer, and moves on.

（节选自《新标准1》第1单元AR1第5-8段）

阅读完成之后，进行第二个任务：分析句子。笔者通过如下问题引发学生思考：

（1）Why does the author use the word "determine"?

（2）Is the tutor really interested in the students he's talking to?

通过分析，学生可以看出，作者笔下的人物给人感觉并不十分友善，determine一词的使用形象地传达出刻意和牵强的感觉，同时也说明作者作为新生，在入学第一天对陌生环境充满敏感和抵触情绪，因此就更需要周围人发自内心的友善及关爱。

之后是"任务执行阶段"。由于学生在学习本单元内容时刚刚经历了大学新生报到、结识新同学的过程，笔者要求学生把自己的经历和文章作者的经历进行对比，对比中学生发现，自己的入学体验要幸运得多，温暖得多。笔者随之布置了一项基于真实生活的口语任务，让学生组成小组，小组成员分别扮演导师、师兄师姐、同学和室友等角色，重现报到时与导师见面、被学长引领办理各种入学手续、与同学相识在宿舍等温暖瞬间。活动开始前，教师需提醒学生使用文中出现的语言，注意语言表达和措辞，思考如何通过恰当的表达，让身处异地、紧张敏感的新同学感受到发自内心的友善和温暖。

课文材料的输入不足以支撑学生完成这一任务，笔者在此环节还为学生提供了一些相关场景语料，为学生搭建脚手架，提供足够的语言输入"促进语言知识的学习"。

最后是"语言加强阶段"。笔者对各小组汇报表演进行总结反馈，指出语言问题，同时采访每一个小组中扮演新生的同学，请其分享体会，引导学生思考待人友善的意义。

3. 教育目标达成

整个教学过程的设计环环相扣，通过任务准备阶段的输入性阅读任务，让学生感受作者在入学第一天因环境的陌生和辅导员的冷漠所经历的孤独和沮丧情绪,之后让学生带着同理心,在任务执行阶段,通过对比自己的入学经历,意识到虽然同为新生,只因为遇到的人态度不同、氛围不同,新生活体验也就大相径庭。而通过角色扮演重现入学时的温暖瞬间,让学生切身感受到营造友善环境的重要性,意识到每个同学都应该彼此友善,共同营造美好和谐的大学校园。

本节通过4个教学案例实践,探讨了如何运用教学理论,通过有效的课堂环节设计,挖掘教学内容中的思政元素,引领学生树立"爱国、敬业、诚信、友善"社会主义核心价值观,把"课程思政"教学理念有意、有机、有效地融入大学英语教学各环节,寓道于教、寓思于教、寓政于教,在传道解惑提高学生知识技能的同时,提升学生对社会主义核心价值观的认知,实现立德树人、教书育人的教育目标。

第三节　文化自信与大学英语课程思政教学实践

近年来,大学英语教学改革越来越重视如何将传授语言知识、培养语言技能与挖掘中国文化元素和思想政治教育结合起来,充分发挥课程的育人功能。新时代大学生的价值观念多元、思想活跃,崇尚自我与个性化,从"中国文化自信"角度挖掘、研究教材中的思政元素,积极探索大学英语课程思政教学设计与实践路径,有助于大学生继承和发扬优秀传统文化,增强民族文化自觉与自信,同时也对大学生确立健康理想信念和提高道德水准起到非常积极的作用。

近年来,随着"一带一路"建设的开展,国家对文化影响力越发重视,国内外语界对如何对外传播中国优秀传统文化和培养学生文化自信的关注度也越来越高。因此,高校英语教师也开始探索在教学中融入中国文化元素的大学英语教学模式,同时也将学生的培养目标由原来的只注重语言技能改革为既提升语言技能,又熟悉中国文化内涵,并能用自己的语言向世界讲好中国故事、向世界弘扬中国文化。当前,思想政治工作在高等教育中的作用越来越显著,大学生正处于树立正确的人生观、世界观和价值观的关键阶段,中国优秀传统文化蕴含的丰富思政教育理念不仅有助于培养当代大学生的文化底蕴,增强其文化自信,而且对提高其思想道德素质有非常重要的作用,有利于实现高校立德树人的根本任务。

一、大学英语融合中国文化和课程思政的必要性及可行性

"推动中国文化走出去"是党和国家为建设社会主义文化强国而提出的。2017年1月24日,中共中央办公厅、国务院办公厅印发了《关于实施中华优秀传统文化传承发展工程的意见》,将中国传统文化教育推上了一个新台阶。同年10月18日,习近平总书记在党的十九大报告中再次强调了文化的重要性,指出:"没有高度的文化自信,没有文化的

繁荣兴盛，就没有中华民族的伟大复兴。加强中外人文交流，以我为主、兼收并蓄。推进国际传播能力建设，讲好中国故事，展现真实、立体、全面的中国。"

当今世界的主题是和平与发展，但某些西方反华势力为维护本国利益和其世界霸主地位，从各方面对中国进行打压，尤其是在意识形态领域，可谓是无所不用其极。目前，中国英语教学界已经开始广泛关注并重视在教学中融入文化内容，但大学英语教材中多是介绍西方文化，和中国文化有关的内容极少，更缺乏深层次的如中国古代思想和哲学等优秀文化的元素。在大学英语教学中，则普遍存在中国文化元素系统性输入不够、教学形式单一、教学内容薄弱等问题。对大学生的调查发现，他们希望用流利的英语与国际友人沟通及表达想法，但苦于不知与外国人交谈哪些话题，更无法用英语向外国人准确介绍中国风俗和传统文化，导致跨文化交流活动不能顺利进行。随着世界各国跨文化交流活动越来越频繁，国内教育界也深刻意识到英语教学既要让学生了解国外文化，更要提升学生的中国文化素养，激励学生推动中国文化的传播，从而更好地向世界展示中国形象、传递中国声音。

2016年12月，习近平总书记在全国高校思想政治工作会议上强调："思想政治理论课要坚持在改进中加强，提升思想政治教育亲和力和针对性，其他各门课都要守好一段渠、种好责任田，使各类课程与思想政治理论课同向同行，形成协同效应。"2019年3月18日，在主持召开学校思想政治理论课教师座谈会时，习近平再次强调各门类课程要完善课程体系，解决好各类课程和思想政治教育相互配合的问题。当今世界，各种思想文化交流越来越频繁，祝贺在《德育和思政课要应对西方"六化"战略》一文中指出，"有些西方国家正在对我国软实力实行'六化'战略，即西化、分化、丑化、腐化、淡化和溶化"，其实际意图是要与我们打一场思想战、文化战。面对这样的世界形势，以习近平同志为核心的党中央准确把握人类社会发展趋势，明确提出"人类命运共同体"的理念。同时，顺应教育规律新理念，利用社会主义核心价值观加强新形势下对大学生的思想政治教育，推进课程思政和课程革命，也是新时代国内高校所有非思政课程尤为艰巨的历史任务。而大学英语课程在联系国外历史文化、意识形态和思想潮流方面较其他课程更为紧密，因此，大学英语课程理应责无旁贷地做课程思政教学模式的先锋队。

从目前教学实际情况来看，大学英语课程思政教学模式的落实还存在以下一些问题。第一，教材方面。很多高校大学英语教材中的文章资源来自原版资料，缺乏必要的思政素材。此外，各高校英语课程教材并不统一，有些学校虽然在教材中加入了一些本校教师编写的课程思政内容，但整体来看还不够系统和规范。第二，教学方面。大学英语的教学重点和目标更多强调的是语言知识和外国文化的学习及语言技能的提升，忽视了课程对学生的思政教育作用。第三，师资方面。大部分高校英语教师在思想政治理论素养及教学经验方面还很欠缺，还处于刚开始的摸索阶段，对如何有效开展课程思政教学一头雾水，往往不能很好地挖掘教材内容中蕴藏的思政资源，无法引导学生开展有效的和思政教育有关的学习活动。

相较于高校的其他课程，大学英语在弘扬中国文化和融合课程思政方面有着得天独厚的优势。首先，大学英语课程的教授对象为非英语专业的大学一、二年级学生，授课覆盖范围广，教师往往会连续教授两年，比较固定，和学生接触时间较长。另外，其教学内容涉及范围广泛，学生在英语学习过程中会接触很多与西方政治、思想、文化等方面相关的内容。可以说，大学英语是学生最容易受到思想和文化影响的一门课程。同时，英语教学目标中的两个重点——加强语言知识学习和提升语言技能水平，决定了学生既要学习英语国家的历史文化，又要重视对本国文化的了解与掌握。因此，大学英语课程较其他课程更容易融入中国文化和思政元素。此外，虽然部分大学英语教师对在教学中融入中国文化和贯彻课程思政的能力存在不足，但广大英语教师均接受过高等教育，具备良好的职业道德和社会公德，热爱国家，这是开展课程思政得天独厚的优势。因此，高校英语教师在传授外语知识的同时必然会承担起对学生进行思政教育的责任。高校英语教师应充分挖掘英语课程的中国文化和思政元素，推进课程思政与思政课程同向同行，将学生培养成为既具有国际视野又拥有文化自信和爱国主义情怀的合格的社会主义建设者和接班人。

二、大学英语中融合中国文化和课程思政课堂教学案例

为了具体展示大学英语教学如何将中国文化和课程思政融入课堂教学，笔者以所在学校使用的吉林大学出版社出版的《致用大学英语读写译教程3》中的 Unit 4（Successful Career Making）作为教学案例进行探索。

（一）教学目标

语言技能方面：①指导学生通过说与写的方式表达个人职业规划，选取合理的交际策略，以职场语境为背景进行练习（如求职面试、工作问题的交谈、与客户沟通等）；②引导学生从语篇的视角学习英语议论文中比较和对比的写作方式，并指导学生运用这种写作方式进行议论文写作练习。

中国文化方面：一方面，教师收集古代与现代中国名人的求职与职业规划故事，另一方面，教师在课前安排学生收集相关资料，课上利用小组讨论及公众演讲等活动帮助学生讲好中国故事，传播中国文化。

课程思政方面：教师通过举例引导学生进行思考，帮助他们进行人生规划，为他们指明前进的方向，从而使其确立正确的择业观，并树立爱岗敬业的意识，培养其职业道德。同时，教师可引导学生思考并讨论作为青年人应该从哪些方面为中华民族的伟大复兴贡献自己的力量，帮助他们完成从迷茫感向方向感的过渡。同时，关于学生兼职这个主题，教师可以结合课文内容正确引导学生平衡好校内学习与校外兼职的关系。

（二）教学过程设计

教师可采取多种教学方法，如启发式、任务式、合作式等，课前安排学生进行相关主题的自主学习，课上引导、授课，组织学生以头脑风暴、小组合作、公共演讲等方式加深

学生对课文主题的理解并提高语言运用能力，课后布置写作练习或小剧场情景剧练习。

课前：要求学生预习生词、课文，思考与 Text A 相关的话题讨论，收集与求职、职场有关的英文表达及名人相关的职业故事，同时根据课文内容找出并归纳想要做好成功的职业规划并执行需要具备哪些素质，以及具体该怎么做。

课中（分为 1—2 课时和 3—4 课时）：

(1) 1—2 课时。首先，教师通过课前"热身"讨论（warm-up discussion）引入"职业规划"这个主题，如"How to make a good career decision? Whether it is acceptable to switch careers very often?"，引导学生对自己熟悉的职业进行职业特点描述，结合课前学生收集的相关职业的英文表达进行适当的纠正或补充，同时进行分类和归纳。接下来，教师引导学生学习课文内容，进行基本语言知识点的讲解和归纳。

在融入中华文化方面，教师可以通过举例说明的方式，引导学生在择业时不仅要从自身实际情况出发，而且要以国家利益为先、以大局为重。比如，引导学生学习钱学森等著名科学家主动放弃国外优厚的生活待遇和良好的工作条件，怀着拳拳报国之心坚定地回到祖国，为新中国做出了不可估量的贡献的故事，鼓励学生既要有"天下兴亡，匹夫有责"的责任担当和爱国情怀，也要有"先天下之忧而忧，后天下之乐而乐"的意识。另外，通过儒家文化中的"仁爱共济，立己达人"教育学生工作后既要自爱、自重，也要尊重他人、理解他人，懂得与他人和谐共处，并且培养干一行爱一行的敬业精神，在平凡工作岗位上尽职尽责。

在融入思想政治教育方面，教师可利用学生课前收集的相关名人职业故事与课文中讲到的成功人士的职场经历进行比较。本课的主题是"Dare to Dream（敢于梦想）"，课文选取了几位美国名人（Frederick Smith、Bill Gates、Mark Zuckerberg）创业或就业的例子。教师可以用中国的马云、董明珠、任正非与课文中的名人进行对比，引导学生学习了解这些中国知名企业家的励志故事及他们为中国发展做出的贡献，并共同讨论如何实现中华民族伟大复兴的"中国梦"，用社会主义核心价值观指导学生正确看待择业和就业。此外，教师可以结合自己的择业和职场经历，正确引导学生熟悉社会就业大环境，理性判断就业形势，一切从实际出发，从国家需求大局出发，进而帮助学生树立合理的择业观和就业观，为学生指明就业的方向。在语言知识拓展方面，教师通过指导学生学习与"中国梦"及择业、就业相关的词汇和句型，阅读相关英文文献资料扩充词汇量，提高表达能力。

(2) 3—4 课时。写作练习。本课的写作模式采用的是比较和对比的写作方式，这也是本课写作教学的重点。在教学过程中，教师通过对写作手法的剖析，带领学生结合课文及另外两篇类似的语篇材料赏析此类语篇的文体特征，启发学生用相同的方法赏析并尝试用比较和对比的写作方式进行写作练习。

课后：第一，布置学生以小组为单位，以求职面试和职场话题讨论（如学成之后是定居国外还是回国，是选择去一线城市闯荡还是在小城市慢节奏地生活，是去实力雄厚但发展空间有限的大公司还是去刚刚起步但发展空间大的小公司，是选择体制内还是体制外的工作等）为主题的口语练习。第二，教师以现在的就业形势及择业观与十年前进行比较和对比为题，布置学生进行写作练习，让学生表述自己的分析和就业观、择业观（要求在文章中体现出爱岗敬业的价值观）。第三，布置学生分小组制作求职简历，即以组内某个学生的实际情况为基础制作一份英文简历，并进行课堂展示。最终，向学生展示优秀英文简历模板，并共同分析各组存在的问题，提出改进建议。

（三）教学反思

本单元的教学过程较好地完成了设定的语言学习及文化和思政教学目标。在培养学生英语语言能力的显性层面，教师采用多元教学方法，充分调动学生参与各种课堂活动的积极性，锻炼其听、说、读、写的基本语言技能。在提高学生道德素养这一隐性层面，教师引导学生自主思考、反思领悟。学生在完成这一单元的学习后谈自己的感受时说："老师在课堂上融入中国文化和思政内容的方式非常自然，改革后的课程形式更加丰富，内容更加充实。"从学生的课后反馈来看，这样的教学模式改革有利于学生学习和接受中国文化与思政教育，帮助他们树立更牢固的社会主义核心价值观。今后的教学要注意在教学过程中用学生比较熟悉的例子作为课程导入，或通过他们身边的真实情景引出要讲解的内容。在理论内容讲授的过程中，可穿插实际生活中的案例，通过案例，将中国文化和思政教育元素适时、巧妙、自然地融入课堂讲授中。比如，有些课文讲的是人与人之间的情感，教师可以将此主题与中国儒家文化中的"仁爱"联系起来，引导学生对"仁义礼智信"进行讨论，并启发学生思考如何用"仁"来塑造自己的人生观与价值观；有些课文涉及环保问题，教师可引导学生树立保护环境、保护野生动物的意识，通过润物细无声的方式将中华文化和思想政治教育融入教学。之后，教师也可将课程讲授与考核有机结合起来，不是把中国文化、思政教育局限在课堂讲授上，而是要把相关考核作为检验教学效果的有效途径。例如，在考核中教师可考查学生的中国传统文化知识及道德观、社会责任、团队精神等方面的情况。

中国文化自信视域下的大学英语课程思政要求教师引导学生将显性的语言技能学习和隐含的中国文化元素及思政教育有机结合起来。教学切忌生拉硬扯，而要引导学生留心观察和思考日常生活中遇到的相关事件，努力挖掘课文的主题思想。教师要通过运用多种教学手段，引导学生尝试挖掘课文中蕴藏的中国文化元素和思政教育点，即将课本知识作为语言技能学习输入端，将"讲好中国故事，开展思想政治育人主题反思和讨论"作为学习活动的输出端，通过潜移默化的方式增强学生对中国优秀文化的认同感，最终使学生成为拥有中国文化自信的优秀的社会主义建设者和接班人。

第四节　自建语料库的校本特色大学英语课程思政实践

为了充分用好课堂教学这个主渠道，使大学英语课程与思想政治理论课同向同行，形成协同效应。本节从意义、新要求和实现途径三个方面探讨如何以自建和运用思政语料库为抓手，依托校本特色，以课程思政来推动大学英语教学改革，以期在大学英语教学中在完成专业教学目标的同时，又实现"立德树人"的育人目标。

2016年，习近平总书记在全国高校思想政治工作会议上强调："高校思想政治工作关系高校培养什么样的人、如何培养人及为谁培养人这个根本问题。要坚持把立德树人作为中心环节，把思想政治工作贯穿教育教学全过程，实现全程育人、全方位育人，努力开创我国高等教育事业发展的新局面。"因此，如何解决思政教育与专业教育"两张皮"问题，如何将思政教育内容自然地融合到专业课程教育内容中去，是目前我国高等学校面临的重要任务之一。2016年，习近平总书记在全国高校思想政治工作会议上强调"要用好课堂教学这个主渠道，使各类课程与思想政治理论课同向同行，形成协同效应"。教育部《大学英语教学指南》（2017）明确指出："大学英语课程是高等学校人文教育的一部分，兼有工具性和人文性双重性质。"若只关注其工具性的特点，而忽视其人文性的特点将不利于"全人"教学目标的达成。因此，大学英语课程在培养学生英语语言综合应用能力外，还需要培养学生的人文素养。综上所述，大学英语课程与思想政治教育这两方面的工作目标具有很高的契合度，因此，大学英语课程无疑是实践课程思政教育理念的重要阵地。

一、基于自建语料库的校本特色大学英语课程思政改革的意义

（一）大学英语课程思政的意义

随着全球化的进程，中西文化不断进行交融，在西方先进思想和先进技术涌入我国的同时，西方糟粕文化也随之而来。而大学生本身价值观还没成型，对外界的事物充满了好奇心，很容易被不良的思潮所误导。作为一门覆盖面广、课时长的必修课，大学英语也应该与时俱进，成为思政教育的重要阵地。语言是文化的一部分，又是传播思想文化最有效的工具，因此，如何把大学英语课堂利用好，把语言知识学习和思想政治教育紧密结合起来，帮助学生从辩证的角度审视西方文化，增强文化自信，是每一位大学英语教师必须思考的问题。以往我国的大学英语教学因为过多地侧重于考试和拿证，导致出现了一些误区，如重工具性，轻人文性；重西方文化，轻中国特色。因此，作为一名大学英语教师的当务之急是在大学英语教学过程中充分挖掘思政元素和价值元素，并将思想政治教育自然融入教学内容中，透过语言的表象剖析其所传达的人文精神，存其精华，去其糟粕，引导学生明辨是非，以批判性角度传播西方文化，提高思想觉悟。帮助学生逐步树立社会主义核心

价值观，使之成为新时代的栋梁之才。

（二）借助自建语料库进行大学英语课程思政的意义

语料库的基本特征是以真实语料为基础，以词汇检索工具为手段，具有强大的快速检索和统计分析功能，如通过自建以习近平新时代中国特色社会主义理论体系为核心的"课程思政"语料库，学生可以进行有针对性的检索，"课程思政"语料库能很直观地显示出各类句型的出现频率和规律，这能让学生在掌握更为专业和地道的双语表达技巧的同时，也在潜移默化中增强"文化自信"和"制度自信"。

（三）突出校本特色的意义

大学英语课程思政建设是具有差异性的，不能搞一刀切，不同层次、不同类型的学校应进行具有校本特色的课程思政建设，因此，我院的课程思政建设应符合本校财经类院校的学生特点和"三有三实"人才（培养有思想有能力有担当的实践、实用、实干人才）培养目标。

二、新时代对基于自建语料库的校本特色大学英语课程思政提出的新要求

随着新时代的到来，大学英语教学也面临着新的机遇与挑战，党和国家对时代新人的培养提出了新的要求，大学英语应该与时俱进，只有准确把握新时代对大学英语课程思政建设提出的新要求，并将其融合到大学英语教学中，才能够达到立德树人的教学目标。

（一）将课程思政理念和大学英语教学目标进行有机整合

大学英语教学在中外两种语言交流的基础上，着重强调中外文化的交流，使得进行大学英语教学课程思政改革尤为必要。课程思政有助于深入挖掘大学英语教学中的思政教育资源，促进大学英语课程不断完善，以实现大学英语课程与思想政治理论课协同并进。课程是思政的载体，思政是课程的灵魂，因此，有必要将课程思政理念和大学英语教学目标进行有机整合。大学英语课程教学目标设定中，除注重提升学生的英语语言能力外，还应通过挖掘语言表象下的隐性思政元素，培养学生正确世界观和价值观，并将这一教学目标贯穿到整个大学英语的教学设计中，从而真正实现立德树人的教学目的。教师在每次课前应先设定好每个单元的课程专业目标和思政教育目标，并围绕目标设计好课前任务和课堂提问及小组讨论的话题。比如，《新视野大学英语读写教程》第一册的第七单元 Hoping for the better，其单元的教学目标中除了课程专业目标外，还设定了"诚信是做人之本，人无信而不立"等思政教育目标。

（二）将思政教育内容与大学英语教学内容进行有机整合

以往的大学英语教学，重视对西方文化的解释，比较少提及中国文化，导致很多学生

熟悉莎士比亚的作品，但对唐诗宋词却所知甚少，因此，应强调在进行大学英语知识的学习过程中，融入中国"文化自信"的精神引领，从而充分发挥课堂主渠道的功能，让大学英语课堂成为思想政治教育的有效载体。以《新视野大学英语读写教程》第一册第一单元 Fresh Start 为例，教师在授课时，可以组织学生进行课堂讨论，探讨比较中西方的教育方式的异同，就中西方教育这一话题，组织学生进行分组讨论。通过课堂讨论，拓展教学内容，加深学生对大学英语课文人文性和思想性的理解，进一步增强作为一个中国人的"文化自信"，在潜移默化中培养学生高尚的品德。

（三）将自建语料库和大学英语课程思政建设进行有机整合

课程思政若单靠灌输是收效甚微的，必须在教学过程中寻找学生最新的关注点，并将思政内容巧妙地渗透到学生的关注点中去，而能充分展现学生自主性、参与性的语料库工具恰好能帮助教师将思政元素润物无声地融合进大学英语课程。

语料库是指依据一定的抽样方法收集的自然出现语料构成的电子数据库，是按照研究目的和语料选择方法选择并有序排列的语言运用材料的汇集。它可以有效地解决大学英语课程思政建设中思政素材匮乏的问题，学生还可以根据自己的兴趣寻找和自建语料库进行学习，如在两会召开期间，可以和学生一起制作 2020 年《政府工作报告》双语平行语料库，并让学生统计《政府工作报告》中的词汇频率和密度，这不仅可以直观体现《政府工作报告》中汉语和英语的表达方式的区别，而且可以使学生更加透彻地理解两会中提出的先进观点，帮助学生在学习英语表达方法的同时形成正确的价值观。也可以将 china daily 和"学习强国"中关于国内时政热点和中国传统文化的英语词汇或短语归纳起来，并自建新闻热词词汇语料库和中国传统文化词汇语料库，为今后讲好中国故事、传播好中国声音提供语料上的积累。

（四）将把大学英语课程思政建设与校本特色进行有机整合

随着"一带一路"国家战略的推进和"讲好中国故事，传播好中国声音"倡议的提出，我国越来越多的企业走出国门，企业对人才的需要也从专业型人才转向"专业＋英语"的复合型人才，而我院的校训是"厚德博学、经世济民"，因此，我院应顺应市场的需求，基于本校特色和本校资源为企业提供更多具有国际视野、家国情怀和良好职业素养复合型人才。

三、探索基于自建语料库的校本特色大学英语课程思政改革的实现途径

培养既具有过硬思想政治理论素质，又具有较高英语水平，符合时代要求和社会需求的专业人才，是每一个英语教师肩负的重要责任。适合我院自身特点的大学英语课程思政教学模式，以自建和运用思政话题语料库为抓手，充分挖掘大学英语教学中的思政教育要

素,将"大学英语"课程"思政"化,将"文化自信"融入大学英语课程教学中去,旨在更好地实现大学英语课程的文化育人的作用。依据本校特色,根据"大学英语"课程特点展开"大学英语"课程"思政"教育改革,旨在探索出一个基于自建语料库的校本特色大学英语课程思政教学模式,该教学模式主要包括以下四个方面:

(一)在教学理念方面上,正确认识知识传授与价值引领之间的关系

以往,大学英语教学具有较强的功利性,主要为了考研、过级、拿证,导致大学英语课堂教学与思政的两张皮,使部分学生不能批判性地对待西方文化。所以,大学英语课程思政改革首先应该从转变教师的教育理念入手,需要使每位大学英语教师正确认识知识传授与价值引领之间的关系,以立德树人为己任,在传授外语知识的同时,主动承担起思政教育的责任,在大学英语教学活动中,教师通过不断有意识地融入思政元素和中国优秀文化的教学内容,引导学生正确认识西方文化,让学生在中西文化的对比碰撞中,树立文化自信;在学习西方文化获得国际视野的同时,引导学生客观地比较中西文化差异性,去其糟粕取其精髓,培养家国情怀。

(二)在教学内容方面上,融入思政元素,自建课程思政语料库

教师在教学内容的选取方面,应该筛选出对学生英语语言能力和思想品德具有双重提升的教学内容,并重视教学内容的动态性、扩张性、交融性和研究性,避免单一教材的静态性、萎缩性、局限性和禁锢性。以语法知识点为载体,融入思政元素,精心进行教学设计,为枯燥生硬的理论知识赋予思想政治的意义和活力,以期达到"润物细无声"的育人目标。可以灵活有效地选择学生感兴趣的语言阅读材料来进行潜移默化的课程思政教育,比如,通过将西方媒体对最近美国暴乱和香港暴乱的对比,让学生了解西方媒体的双重标准和"妖魔化中国"的险恶用心,教育学生批判地看待西方文化,提升爱国情怀;也可以引导学生将所关注时事热点新闻的英文资料输入思政语料库,比如,《党的十九大报告》《习近平谈治国理政》和《政府工作报告》的英文版,让学生在学习地道英文表达方法的同时,切实感受到中国的进步,从而增强民族自豪感;同时还可以从《论语》《诗经》《道德经》英文版中摘录与社会主义核心价值观相契合的内容进行讲解,也可以推荐学生观看一些介绍中华文化的双语纪录片,让学生在学习语言知识点的同时,也为祖国悠久璀璨的历史感到由衷的骄傲,继而唤醒学生传承中华文明的历史责任感和实现中华民族伟大复兴的时代使命感,从而更好地实现大学英语教学与课程思政的融合。

(三)在教学形式方面上,采用线上、线下教育相结合的混合式教学

大学英语教学中所涵盖的语法知识点比较多,学生普遍反映该课程学习比较困难,课上知识点理解不够深刻,课下遗忘快,因此,在教学方法上,该课程应融合课前预习、课堂讲授、隔堂讨论、课外实践、网上互动、信息检索等教育方式,充分发挥第一课堂的主渠道作用,加强第二课堂的实践育人作用,提升第三课堂的信息化教学效果,寓德育教育于线上、线下教育相结合的混合式教学中。

1. 发挥第一课堂的主渠道作用

大学英语课程要想充分发挥其育人功能，就应将社会主义核心价值观融入课程教学中。面对目前思想活跃、接触面广的"千禧时代"的学生，无论是传授知识还是引领价值，靠教师单方面的简单说教已经很难达到预期的效果，这就需要教师通过翻转课堂和任务导向教学法等方式，让学生主动参与到课堂教学活动中，在情境中学、在讨论分析中学，促进学生将所感、所悟内化于心。"第一课堂"的关键是在于从教材中找到思政元素的"切入点"，并围绕这一思政元素对语言素材进行收集、筛选，使大学英语课程教学在完成既有教学目标的同时，又能使思政教育语言素材的效用得以充分发挥。比如，新视野大学英语第一册第四单元的主题是 Heroes of Our Time。课文讲述的是我们身边的英雄。教师在上课前可以给学生布置课前任务，让学生思考一下"到底什么样的人才算英雄"。课堂上结合课文主旨（平凡人也是英雄）组织学生进行分组讨论，并结合抗疫期间的最美逆行者进行补充讲解，让学生在学习相关语法知识点的同时，也潜移默化地提升了社会责任感。

2. 加强第二课堂的实践育人作用

教师可以借助第二课堂，把语言学习、学生的兴趣和思政教育有机地结合起来，通过形式多样（如英语演讲、辩论比赛等）的课外活动，充分发挥"第二课堂"的补充作用，本校向来以培养"三有三实"人才（有思想有能力有担当的实践、实用、实干人才）为主要目标，因此，我们应让学生在课外实践活动中实现立德树人的育人目标，同时还能激发学生更高的学习兴趣和更强烈的参与意识，从而更有效地培养具有良好人文科学素养和扎实专业知识的复合型人才。

3. 提升第三课堂的信息化教学效果

借助"第三课堂"的现代信息技术手段（以语料库技术为主），去有针对性地收集、筛选、分类和整合思政元素，双语平行语料库应尽可能多地提供思政话题双语语言材料，并且能对于某一个词语或短语能提供丰富多样的双语范例。相对于以前那些由语言学家、语法学家仅靠直觉编写的例证，以语料库数据驱动技术提供的语言材料作为大学英语思政教学实例则更直接、更自然、更能表现出语言的自然本质，同时，也更易于学生掌握。

（四）在考核评价方面上，采用多维评价体系

姜钢和何莲珍强调"测评体系建设以我国外语教育教学存在的问题为导向，以促进学生健康成长成才为宗旨，着重评价体系的科学化、系统化建设。"融入思政元素的多维大学英语教学评价体系能帮助教师全面地评价学生的语言水平和文化素养，大学英语课程的评价包括过程性评价和结果性评价，虽然课堂教学是课程思政工作开展的主渠道，但课程思政实践则大多需要通过开展第二课堂的课外活动和第三课堂中的自建语料库来完成，所以基于自建语料库的校本特色大学英语课程思政改革中应突出过程性评价。

1. 课堂评价

每节课上留部分时间让学生围绕与教材内容相关的思政话题进行小组讨论或分组辩

论，比如，新视野大学英语第一册第四单元的主题是 Heroes of Our Time。学生就可以围绕身边的平凡英雄进行演讲，然后通过师生评价、生生互评提升学生的英语表达能力，并在聆听其他同学的观点的过程中形成思维的碰撞，引导学生树立正确的价值观。教师通过深入挖掘教材中的思政素材，进行精心的教学设计，将"教书"和"育人"巧妙地结合起来，在大学英语课堂教学过程中实现立德树人"润物细无声"。

2. 第二课堂评价

学生在第二课堂的课外活动主要以英语演讲、辩论比赛和自主阅读形式并撰写读书报告的形式开展，比如，推荐学生观看学习强国 App 或 China Daily 中的双语视频，在提升学生语言知识和技能的同时，还能让学生更深入地了解中国取得的成就和党的执政理念，从而培养学生的思辨能力和国际视野。

3. 第三课堂评价

学生在第三课堂的活动主要通过和教师一起共建和使用思政语料库来完成，教师可以通过将思政语料库中的各种材料进行比较，更加直观地向学生解释各种译文的优劣。另外，语料库具有开放式功能，学生可以将自己写的译文添加到学生语料库里，即"入库"，并可以借由语料库的"统计"功能方便地获取自己所写译文的具体参数，实现自我评价。

为了有效评价和巩固本校大学英语教学中"思政"教育成果，应将学生学习效果考核评价从单一的专业维度，向文化素质、社会责任感、团队协作力等多维度延伸，建立既能体现学生专业水平，又能体现思政素养的多维评价体系。如增加对学生学习态度、学风、分享教学资源或资料、为同学答疑解惑、志愿服务等方面的评价。此外，教师还可以组织学生自评和互评，从不同的视角来审视自己，帮助学生发现问题并提升思政学习的意识。

借助语料库技术，将课程思政融入大学英语课堂教学，是大学英语课程思政改革中的一次有意义的探索和实践。在大学英语教学过程中充分挖掘课程内容中的人文内涵，提升学生的思想水平和文化素养，使学生在语言习得的同时，树立正确的世界观、人生观和价值观，将学生培养成具有家国情怀和国际视野的社会主义建设者和接班人。

第五节　课程思政在新时代大学英语视听说课堂中的实践

为适应新时代以立德树人为根本任务的人才培养要求，大学英语课堂应将思政元素有机融入，从单一的语言技能培养向全方位高素质人才培养转变。本节以大学英语视听说课为例，从教学目标、教学模式到具体实施和取得的效果几个方面阐述课程思政在大学英语视听说课程中的实践。

自改革开放以来，中国经过 40 多年的发展已进入一个全新的时代，在这个全新时代，中国特色社会主义道路、理论、制度、文化不断发展；中国日益走进世界舞台中央、不断为人类社会做出新的更大贡献；中国的成就拓展了发展中国家走向现代化的途径，给世界上既希望加快发展又希望保持自身独立性的国家和民族提供了全新选择，为解决人类问题贡献了中国智慧和中国方案。在这样的时代背景下，无数的中国故事，中国智慧和方案由谁来讲？如何讲？大国外交的对外话语和能力如何构建？如何培养？中国文化传承与创新、跨文化交流与传播、国际传播与国家形象构建等在内的国家文化软实力如何进一步提升是新时代外语教育要思考对接的主要问题。本节就在新时代背景下，如何将思政教育融入大学英语视听说课堂做一些探讨。

2016年习近平总书记在全国高校思想政治工作会议中强调要将立德树人作为高校人才培养的中心环节，把思想政治工作贯穿教育教学全过程。习近平重要讲话为高校课程思政指明了方向。大学英语视听说作为公共必修基础课之一，在教学过程中如何渗透育人理念、如何与思政课程形成有效的协同育人，实现全程育人、全方位育人，这些问题对推动当前英语教学改革，推行英语课程思政有着重要意义。通过大学英语视听说的综合训练，学习者能掌握好英语交际能力，切实提高用英语进行跨文化交流的能力，一定的阅读和翻译能力，以及传播中华文化和传递中国核心价值观的意识和能力。另外，深化"三三制"教学改革，该课程构建学生围绕课程重要知识点的专题讨论、教师教学方法理念调研、学生兴趣小组学习、现实性问题课程论文等多元创新性教学方法，充分调动学生的学习主动性和积极性，为多元培养综合性、创新性交叉学科人才奠定坚实的基础。

从客观条件来看，本课程是推行课程思政的有效平台。本课程紧扣"立德树人"，将思政工作贯穿教学全过程，强化育人功能，优化课程教学目标定位，挖掘提炼课程的思政要素，完善课程教学内容，选择多种教学方法和手段，将社会主义核心价值观融入大学生思想政治教育全过程，提高本课程育人的针对性和有效性。在英语教学全过程中，教师将语言基础知识与技能教学和育人管理理念相结合；将马克思主义基本理论、观点和方法贯穿教学全过程；将习近平新时代中国特色社会主义思想、社会主义核心价值观等内容有效融入课堂教学。

一、教学目标突显思政，展现"大视野"

当前，很多外语课堂的教学目标比较单一，偏重于语言知识的传授和语言技能的培养，而忽略了立德树人这一根本任务。要实现这一目标，必须融入思政元素，必须用大视野来思考教学。英国教育哲学家怀特海在《教育的目的》书中写道：在中学阶段，学生伏案学习；在大学里，他应该站起身来，四面环望。大学教育必须大视野，必须超越具体知识，从更大的知识结构，时空构架来思考教学。对于英语的视听说课，不但要求学生听得懂英文广播新闻，电视节目，英文讲授的专业课程，还应要求学生说得出，用英文说出中国文化，讲述中国故事。不仅被动地接受英文传递的各种信息，还能从中国主流意识价值观的立场，从宏观的视角，去辩证客观地分析各种外文资讯。在提高学生语言能力的活动中，对学生进行价值引领，思辨训练和人格塑造，实现从教书到育人的转变。

二、挖掘思政要素，完善课程内容

首先，在外语课程内容中系统融入中华优秀文化。长期以来，外语教育偏重于西方文化和西方价值观的渲染，而忽略了母语文化思想的熏陶，需提升学生对中国文化的认知、理解和表达。在语言技能课程中有机融入中国文化元素，包括中国传统文化、中国历史、中国经典思想等，引导学生充分了解中国文化，同时训练学生用英文描述和交流中国文化，中国价值观的能力，从认知和表达两方面消除学生的"中国文化失语症"。在教学中以"融通"为核心，形成"跨"文化的特点：对于中外文化的换位思考及换位表述，把握中西方文化的本质与内涵，共同点与差异性，将和而不同，交流互鉴的观念贯穿始终。其次，在课程内容中融入新时代中国故事。新时代中国社会主义建设取得了可歌可泣的成就，比如，"中国高铁建设""中国桥梁建设""青蒿素的发现""大国制造业"等，这些成就发挥着主流价值观的引领作用。在教学中，可根据具体内容采用中外对比的视角导入这些中国故事元素，让学生进一步了解中国的现状与国情，增强他们的民族自豪感和国家认同，激发爱国热情和奉献精神。

三、教学方法与手段的突破与跨界

首先，采用线上线下相结合的混合式教学模式。通过翻转课堂和任务型教学，让学生课前主动自学，课上积极参与教学活动和讨论，在情境中学，在实践中学，促进学生将所感所悟内化于心。同时将课堂延伸至线上，鼓励学生在线上进行讨论提问和回答，通过线上群组建立课内外联系的课堂。此外，充分发挥第二课堂的实践育人作用。借助第二课堂，开展形式丰富的课外活动，如英语演讲、英语辩论、英语主题沙龙、调查实践等，激发学生更高的学习兴趣和更强烈的参与意识，让学生在课外实践活动中潜移默化地夯实语言技能，提高跨文化交流能力和思辨能力，培养良好的人文素养。其次，利用高校多学科优质资源与跨学科科研平台，与其他学院共同开展文史哲学科的融通教育，通过课堂学习与实践探索互动，国内学习与国外研修对接等多途径，拓展学生的国际视野和知识结构，发展批判性思维，有效培养学生在真实情景中进行跨文化沟通的意识和能力。

四、大学英语视听说课堂的思政具体实践

英语教学的特殊性，不仅在于它的语言教育功能，更重要的在于英语语言所体现的文化价值观念和思想价值体系。英语教师在教学过程中，不应局限在语音、词汇和语法的表层结构，还应在此基础上深入介绍相关的文化背景知识，有机植入中国故事元素，给学生以正面引导。以下是几项实践案例。

案例1：对于马丁·路德·金的著名演讲《我有一个梦想》的解析，教师可以引导学

生讲述自己的梦想，解读习近平总书记关于民族伟大复兴的中国梦，用中国梦激扬青春梦，为学生点亮理想的灯、照亮前行的路。

案例2：补充关于疫情期间国家如何防疫病毒，人民如何对抗病毒的英文视频进行教学、补充外国媒体报道的西方国家领导层面对疫情的态度和采取的处理方式，与中国进行对比，让学生看到中国在党领导下的行动力、决策力和为人民服务的宗旨。补充各类能把英语教学和思想政治教育融于一体的教学素材，在此基础上，根据学生的思想状况，灵活运用教学方法，在完成课程既定教学目标的同时，使得思想政治教育效用最大化。

案例3：通过向学生介绍BBC录制的纪录片"Chinese New Year 2016(《中国春节》)""The Story of China 2016(《中国故事》)"及国家地理播放的纪录片"China from Above(《鸟瞰中国》)"等，将基于中国文化的内容自然而然地融入英语教学中，培育学生们的文化自信，唤醒其传承中华文明的历史责任感和时代使命感，引导学生正确认识和系统学习中华文化，从而形成文化自觉，真正实现大学英语教学与"课程思政"的融合，实现立德树人的目的。

五、课程思政在大学英语视听说课堂中的初现成果

该课程将先进的教学理念和教学方法与大学英语课程思政课堂相融合，帮助学生们培养正确的三观，培养学生文化自信，增强学生爱国情怀；培养学生人文素养，陶冶学生情操，丰富学生业余文化生活，在潜移默化中实现推进大学生的价值观教育与行为内化的双重驱动，提升其思想道德和精神品格。因为英语课作为综合素养课，在育人上跟思政课不同，思政课是显性育人，而英语课是隐性育人，是春风化雨，润物细无声。然而这种隐性育人的力量在笔者的课堂上看到真实明显的成效。在笔者的课堂上，笔者看到了学生们积极的正能量、正确的思想价值观和传播传承中华文明的实际行动。

在课堂的演讲汇报中，有学生针对谣言这个话题展开讨论，分析了在面对谣言时如何理性地辨别，如何处理和对待，他们坚信中国是有责任有担当的大国，坚信中国有能力打好防控疫情的战斗，而且已经取得这场战斗的胜利，中国还不计前嫌向多个疫情严重的国家伸出援助之手，不要轻信某些不负责任的外国媒体对中国颠倒黑白的恶意攻击。

还有一些学生，用英文介绍传播自己家乡的特色菜肴、介绍家乡的文化传统和习俗、介绍中国古诗词、介绍中国书法，用英文把中华文明向世界传播。另外，还有一些学生在学习 Love 这课中，比较了中西方文化对于"love"的定义和理解，分析了中国人表达情感的方式和西方人表达情感方式的区别及产生这些区别的原因和对人际关系产生的影响。

由此可见，学生在外语课堂上学到的不仅仅是语言技能，他们更学会了用大视角去思考问题、分析原因，用英语去表达思想，交流文化，传递正能量。

英语课堂是文化敏感地带，是思政教育的前沿阵地。我们在教学过程中应将社会主义核心价值观内化于心，外化于行。创新教学设计，融合思政教育元素，在课程思政视域下，

着眼教学设计创新，努力将信息化手段融入课堂教学；将身边的案例融入课堂教学内容；将传统教师讲授转换为学生为主体的体验式教学；将传统的理论讲授转换为润物细无声的思想渗透，帮助学生树立正确的人生观、价值观和世界观，培养学生跨文化交际的能力及对比中西方文化的批判性思维。

第六节 远程英语教学课程思政的内涵指向及实践

自教育部提出高校思政教育改革以来，"课程思政"已上升到越来越重要的位置。如何在远程教育体系内落实"课程思政"，是当前远程网络教育在教学实践中的重要课题。通过厘清远程英语教学课程思政的内涵指向，将英语课程思政要素融入课程设计，借助多种媒体环境，在各级教师团队的引导性设计策略、隐性嵌入教学思想指导下，在教学实施过程中对学生产生潜移默化的力量，体现全员育人、全程育人、全方位育人的重要意义。

在当今国际局势多变、社会多元价值交织渗透的复杂时代背景下，仅依靠思想政治理论课程开展对学生的价值观、世界观、人生观的重塑、传导、构建，难以完成新时期高等教育人才培养的目标。对高校思想政治工作进行重新定义和布局，是新时期教育工作的重要主题。在2016年12月的全国高校思想政治工作会议上，习近平总书记发表重要讲话指出，高校思想政治工作的根本在于做人的工作，中心环节在于立德树人，核心在于提高人才培养能力。"思想政治理论课要坚持在改进中加强，提升思想政治教育亲和力和针对性，满足学生成长发展需要和期待，其他各门课都要守好一段渠、种好责任田，使各类课程与思想政治理论课同向同行，形成协同效应。"据此，我国高等教育体系内逐渐开拓出以"课程思政"为切入点，开创"大思政格局"，以创新思想政治工作发展为核心的改革和探索之路。高校思想政治培育之路，将"思政课程"带回教育"育人"的本质原点，使思想政治教育向"课程思政"这样一个内涵更加丰富、视野更加广阔的领域延伸。

教育的本质属性决定了任何教育形式及其教育内容、教学目标都应当履行其育人职责，远程网络教育也不例外。有专家学者发现"一些西方国家目前着重利用网络信息化来加强民主制度输出。他们一直在寻找一种更隐性、更易于被人们接受的新的民主制度输出方式，这就是慕课被一些西方国家大力推广的一个十分关键的深层动因"。这个例子说明，虽然现代网络技术与教育的结合为信息的传递与共享带来福祉，另一方面，我们也应注意到教育具有政治性，而网络课程、在线教育等因受众的广泛性，在育人职责、政治担当上则更加需要给予重视，对远程网络教育的课程思政研究和实践不能掉以轻心。

一、英语学科课程思政的内涵指向

（一）提升人文素养

教育部颁布的《大学英语教学指南》（2017版）指出，"大学英语课程是高等学校人文教学的一部分，兼有工具性和人文性双重性质"。从哲学的层面来看，语言是思维的外壳和物质载体，语言的"工具性"可以简单理解为，思维依托语言实现了形态表现，语言是思维呈现的工具；交际依托语言达成了沟通目的，语言是交际承载的工具。在我国的英语教学实践中，掌握语言的交际性工具属性，往往被前置为最主要的学习目的，大学英语学习的终极目标被窄化为实现语言的交际功能。但在实际运用中，即使严格按照语法规则排列组合的语言符号，在缺乏对言语者背景文化知识、思维方式、交谈语境等人文知识的了解时，语言的交际功能是无法顺利实现的。

从系统功能语言学（Systemic Functional Linguistics）理论来看，语言意义的产生与其发生状态下的社会文化背景密不可分。语言形式的三个层面，即语音词形、词汇语法、语篇语义，在语言功能上分别是依次实现的关系，如语音、词形不同构形产生词汇语法的变化；而语篇语义须由词汇语法串联实现。英语教学如果不能同时关注语言形式、语言功能与文化价值等方面，在学习内容上顾此失彼，必然造成语言学习上的滑铁卢。

英语课程教学应遵循以知识观（词汇语法知识）为起点，过渡至工具观（语言交际工具），进而升华为人文观（情感、价值观等）这一发展脉络。20世纪90年代以来，随着批判教育理论（Critical Pedagogy）的发展与新读写研究（New Literacy Studies）的深入，西方教育学者逐渐意识到语言教学材料不仅是语言知识的载体，承载着语言教学功能，同时也是目的语国家社会观念、情感态度、文化价值与意识形态的载体。在语言教学过程中将人文素养、文化意识等这些教育要素融入课程教学，不仅能够推进学习者对语言理解的深入程度，而且对于提高学习者的人文修养、道德品质、社会认知具有重要意义。

（二）增强跨文化意识

在如今世界经济一体化发展，而价值多元化竞争激烈的现实世界里，"知己知彼"才能"百战不殆"。德国著名的语言学者及外交官威廉·冯·洪堡特说，"一个民族的特性只有在其语言中才能完整地铸刻下来，所以，要想了解一个民族的特性，若不从语言入手势必会徒劳无功"。所以，实现"知彼"的目标，首先意味着要了解这些国家政治制度、经济状况、语言文化等结构性要素信息，更要能在他国文化视域下，看到他们眼中的中国，了解他们眼中的中国人和中国文化，进而理解到文化差异存在、文化差异的本质及其原因。通过文化的差异的比较，找到在跨文化交际中可能会造成误解的要素和问题，看到在文化差异中哪些是可以"求同"，哪些需要"存异"。由此，当我们的学习者在遭遇多元文化对价值观产生的冲击时，才能不卑不亢地认同民族文化，有礼有节地对待他国文化。

（三）培养批判性思维

有人认为思政教育是中国特色，而事实上西方教育学者非常注重教育在道德培养上的功能，西方国家在"通识教育""公民教育"等人文修养、道德素质教育的研究上从来没有懈怠过，投入了大量的人力和资源。在西方道德教育内容中，批判性思维（Critical Thinking）及其训练是不可或缺的内容。哲学范畴中探讨的批判性思维，首先意味着对固有意识的怀疑和批判（Reflective Skepticism），在怀疑和批判的基础上进而开展理性的推理（Reasoning）和判断（Judgement），以追求知识的终极真理。西方教育学界从来认为批判性思维是教育实践中的必需环节，而且尤其与道德教育密不可分，因为只有经历过怀疑和审视的思考，才能让人的认识更为深入和坚定。学者李普曼在关于道德教育培养的文章中明确表达出这样的观点，即有效的道德教育必须先行培养学生的逻辑思维能力和批判性思维能力，这样才能使学生独立进行价值判断，并自觉形成符合主流价值观的思维与行为方式。人们在没有经过思辨就得到知识或结论，在经历不同立场、意识相悖的言语冲击时，就容易被带偏方向，失去归纳不同立场信息、客观评估对方价值阵营的能力。

（四）引领文化自信

中华民族传统文化在汉字文化圈乃至世界其他文化圈都产生过深刻影响，我们的传统习俗、思想观念、文学理念、审美情趣等在如今亚洲近邻国家文化生活中都能找到痕迹。语言学家们经过统计后发现，日语、韩语、越南语等亚洲语言中60%以上的词汇都由古代汉语衍生而来。17、18世纪西方传教士把中国古代典籍译介到欧洲，在欧洲的思想文化界造成极大的震动。启蒙运动思想家伏尔泰通过对中国的赞美来表达自己的理性主义思想，他说，"当你以哲学家身份去了解这个世界时，你须首先把目光朝向东方。东方是一切艺术的摇篮，东方给了西方一切"。在世界文化舞台上，中华文化曾发出璀璨的光芒，也曾暗哑失声。现在世界上越来越多的人意识到，中华文化蕴藏着能解决当代人类面临的，诸如国家之间发展不平衡、文化冲突、恶性竞争、掠夺性开发及其他种种令人忧虑的世界性现象和治理难题的宝贵智慧和深刻启示。中国在国际关系舞台上重拾自信，"一带一路""人类命运共同体"等倡议的提出与推广，让世界看到了一个不一样的中国。

中国不仅有经济技术上的"硬实力"，在文化"软实力"上的表现也要与"硬实力"相匹配和呼应。如何改变世界对中国的种种误解，让世界了解一个真实、全面、现代的中国，如何在世界文化舞台提升中华文化影响力，仍然是我们国家发展道路上的面临巨大挑战。虽然英语教学不以我国传统文化知识为教学重点，在课程思政的大环境下，在教学实践中引导学生增进对中国社会历史文化的理解和认同感，客观认识中西文化差异，理解不同社会历史进程道路的必然趋势，加深不同社会意识形态的区别认识，这些举措有助于提升学习者对于本民族文化的内省洞察，以及形成对西方文化及意识形态的批判性的认识，克服文化认同中的自大或自卑心理，逐步构建基于文化自觉的文化自信，进而形成科学的世界观、价值观和人生观。

三、远程教学英语课程思政的设计原则

在"互联网+"时代，课程思政可以借由技术革新摆脱传统教学的话语体系，建立新的价值引导范式，在隐性引导、潜移默化中重塑学习者的世界观、人生观和价值观。移动网络资源的利用，使价值观的传递从单一讲述走向情感裹挟，可以更有效地实现价值认知的构建。同时，远程教育学习对象在年龄结构和思想状态上，与普通高等教育学生相比有自己的规律和特点，在课程思政的设计原则和实践路径上，要充分考虑到学习环境、学习过程、学习手段等的不同特点，结合学习对象的现实需求，走出不一样的课程思政道路。

远程教育英语课程教学实践中，课程教师将知识传授与价值引领视作教学育人的双翼，在教学过程中既注重在知识传递中强调价值引领，也注重在价值传递中凝聚知识底蕴，双翼齐飞，频率一致。在设计策略上把显性教育和隐性教育相互融通，潜移默化地实现英语课程思政的价值观传递和培养。在设计原则上，按照教育理念中的"4E"原则，即示例（Example）原则、阐释（Explanation）原则、情境（Environment）原则与体验（Experience）原则开展教学规划，将前文所述的英语学科课程思政的四个内涵指向，融化内嵌于教学的四个阶段之中。

（一）样本示例（Example）

在远程英语课程教学中，"示例"可以采取的方式有以下几种：教师利用自身行为来示例、教师通过给出案例分析来示例、学习者通过视频分享来示例等。例如，商务英语在讲到商务交际礼仪内容时，教师可通过手机APP中的视频对话向学生"示例"如何用英语来处理言语交际错误。除了以上这些直接示例内容及方式，教师的示例也可以通过方法示例引导学习者形成隐性的学习能力，培养和提升其思辨能力。

结合课程思政的培养目标，教师可将课程内容与时事话题相结合，嵌入教学环节中。例如，在商务英语中关于商务谈判的章节，联系中美贸易战中商务谈判的相关新闻，与学习者讨论"中西方商务礼仪行为差异的文化动因"。在课前导入环节，教师提出案例，请学习者查找资料，进行自主学习。然后在课程论坛上，请同学就自己搜索到的资料参与讨论。通过问题前置及资料查找，学习者基本都能本能察觉到中西方不同文化背景中，人们行为方式的外在区别。比如表达方式上，以美国为代表的西方国家倾向于直截了当、直达目的，而中国人即便在商务会谈中的表达相对也是委婉含蓄的。并进而总结出中国人思维方式、行事风格受儒家文化影响，含蓄内敛，喜欢留有余地。教师对学习者回答进行点评、向学习者展示样本，指出学习方法、资料查找等方面问题所在，在此基础上，通过引入语境理论，给学习者解释言语行为在不同语境中的不同解读的原因。通过两种文化表现的不同示例，引入对东西方不同文化特质的讨论，和怎样正确看待东西方意识形态的冲突。

（二）辩论阐释（Explanation）

在涉及较为复杂的知识或现象时，解释说明是最基本的解决渠道；当遇到具有两面性

的事实，分别站在对立的立场上来探索根源脉络，对于全面了解、深度认识是更为有效的方式。教师必须通过有效论述、明确指导等方式引导学习者对教学材料进行批判性分析，使学习者能明辨是非，拒绝负面价值观。在2019年5月中美贸易谈判剑拔弩张的时候，中美媒体的主持人曾有一场辩战，为了引导学习者对语言使用和言语分析理论的了解，我们在课程论坛就中美媒体报道中的话语表达，来探究中美经济新闻中言语表达和使用特点、两者的相同点及不同点，从而比较分析两国的媒体人如何利用媒体介入与受众进行意见引导、价值输出，形成"意见上的领袖"，并进而探讨延伸出"语言的政治"和"政治的语言"等具有思辨意义的话题内容。这一网上活动让学习者们了解到"语言中的政治"现象，可以帮助学习者管窥西方社会中政治对媒体的运用，保持学习者对西方媒体话语的警惕及批判性思维的能力。

（三）情境引导（Environment）

成人学习者在学习效能上的要求远高于在校学习的学习者，通常他们希望对有限的学习时间上的投入能有及时的回报。在语言学习上，为远程成人学习者创设情境，引导他们去发现可以"用得上"的知识，掌握"学得会"的技能，对学习效能的提升效果明显。考虑到成人语言学习基础和学习需求的特殊性，结合通用英语和专门用途英语的特点，给不同专业背景的学生提供不同职场内容和用途的课程内容，并通过学习者设置角色代入，如引导经济管理类学习者学习用英语接待访客、邮件礼仪、召开会议、商务谈判，满足学习者学以致用的现实需求。利用跨文化知识和理论，引导学生客观认识中英文化差异，及在此基础上，进一步了解文化不分高低，认识到在人际交往甚至是国际外交事务中，认同差异、尊重差异是交流合作的前提。

（四）体验探究（Experience）

远程多模态的英语课程教学设计框架本身就为学习者从视、听、说、练多个维度，多种模态下搭建了开展自主学习的框架。多种媒体的环境为不同学习风格的学习者创设了不同维度的体验探究环境。在课程实践教学环节，通过模拟职场活动的形式进行，目的在于让学生在可以借鉴的职场环境中，通过管理实践工作中的较为真实的工作任务来学习语言知识，提高职场语言交际能力，建立工学结合的模式。一方面，强调了理论知识、实践技能与实际应用相结合，实现"教、学、用"一体化，提升学习者的职业技能；另一方面，在体验探究式的学习模式下，教师引导学习者发现自身学习能力上的不足，帮助他们形成个性化的学习方法，提升学习能力和促进成长。

四、基于网络的英语课程思政的实践路径

课程思政不是增设课程内容，或课程内容的简单政治化。为实现立德树人、润物无声的育人目的，课程思政要把思想政治教育融入课程教学和改革的各环节、各方面，达成思想政治教育和课程知识协同育人的最终目的。远程英语课程均以传统纸媒教材为基础，同

时配套有可应用于个人电脑和移动终端（手机、平板电脑）的音频教材、网络课程、应用软件等多媒体数字教材。多种媒体教学资源充分发挥开放性、共享性、自主性、交互性和协作性等优势特征，将教学内容、练习活动、助学导学内容有机结合，创设虚拟的职场环境，帮助学生进行实践练习，并有助于加强教师对学习者学习过程、活动参与和学习质量的管理监控。多媒体资源为不同风格的成人学习者提供了多样的学习选择，但是成人外语学习的实际需求大相径庭，并且基于网络环境的远程教学具有"教与学时空分离"的特性，只有科学的教学设计才能激发出多媒体资源的优势功能。

（一）依托网络多模态学习环境实现全程育人

远程网络学习环境下，"学"一方面指学习者的面授学习，另外一个重要的方面是指学习者的自主学习。多种模态的学习环境下，教学资源丰富，形态多元，促使学习行为的发生不再囿于时间和空间；多种媒体手段和微粒化的教学资源和呈现方式满足成人不同风格学习需求。例如，在教授管理英语关于商务谈判的内容时，教师选取具有典型意义的电影片段，展示现实中商务谈判视频，一方面引导学习者关注语言内容，一方面议题设置引导学习者发现隐藏在中西方商务谈判中的文化差异。在学生学习相关句型、进行语言操练时，给学习者构建语言环境，通过人机对话练习，或模拟场景口语练习，引导学生关注"语言正确"和"语言得体"之间的差异。语言是否得体关乎语言的使用环境，而在跨文化的交流沟通中，对目的语语境和文化的正确认识是沟通顺畅的首要条件。在评价环节上，将学习者平时学习行为纳入评价体系里，学习者在学习周期内，对学习任务的完成情况，小组活动的参与度，平时作业的完成情况都是考评体系内的测评指标。学习者通过评价环节的反馈信息可以了解自己的学习进程，形成科学的行为管理、时间管理等，形成学会学习的能力，养成持续学习的习惯。

（二）借助课程教师团队联动系统实现全员育人

从系统论的视角来看，教学活动是一个整体，是由多种要素构成的复杂系统。在教育技术学，教学系统被定义为"由一组相互关联的部分组成，在一定的框架下，各部分可靠和有效地协同工作，安排必要的学习活动，以完成学习目标"。在教学运行过程中，教学系统是由包括教师、教学对象、教学内容、教学方法、教学媒体、教学模式、教学组织形式等各教学要素有机结合而形成的、具有一定结构和功能的整体。

在远程网络教学环境下，教师团队的工作方案与课程教学实施方案在重要性上不分伯仲，相互呼应。教学实践中，省校课程教师规划课程思政总体方案，设定团队教学目标，对地市分校团队教师成员的教学任务进行协调分工。团队中的专业教师根据各自所在分校实际情况，对所担任的课程各专题模块进行具体的教学设计并付诸实施，辅导员或班主任配合参与相应的教学实践。教学团队有着一致的目标，在团结协作、分工明确的原则下相互配合。成员之间以任务为导向，依托现代化信息技术平台与即时通信技术，实时与非实时地开展课程思政合作，实现团队资源共享，以形成师资合力，从而弥补分校师资不足、学习支持服务不到位的问题，有效地服务于教学实际，落实远程英语课程思政的教学改革。

教学团队从课程教学环节的具体设计入手，通过科学整合教学各个要素，将课程思政的思想细化进教学内容设计、教学方法规划和教学过程分解等。首先，落实课程思政的教学任务、厘清学习要素。其次，统筹安排学习周期，厘清各层级教师职责及学习者每一周期课程思政的学习任务。再次，搭建不同层级学习框架，有机嵌合不同的教学模式。最后，丰富课程思政学习内容，利用不同教学媒体，实现线上线下内容的全覆盖。

（三）依据隐性引导实现全方位育人

美国的教育哲学家杜威著名的观点有"教育即生活"。教育的发生不仅仅在课堂上，人与环境的相互作用也能在学习者心中催生出智慧的萌芽。创设隐性环境，从情感输入、习惯促成等方面入手，实现价值引导、道德培养，对于成人学习者而言可以有效弥补远程教学环境下师生分离造成的不利影响。课程内容模块的科学构建对学习者学习规划形成隐性的指导，让学习者在学习过程中形成自己的学习时间安排和进度管理；教师在论坛的方法介绍、话题引导有助于学习者养成学术方法、形成学科素养；设置议题，激发学习者自己去找寻相关学习内容，并且在小组活动中与同学形成知识碰撞与共享。

同时，在"互联网+"时代，课程思政可以摆脱传统教学的话语体系，通过新媒体的使用和介入，建立新的价值引导范式，使学习者在喜闻乐见的方式下，接受对世界观、价值观和人生观的改造。如外国文学课程的课程讨论区第一次主题讨论的内容是"我们为什么要学习文学"，以此来引发学生对于"文学无用论"的探讨。教师引导学生从文学学习目的进行讨论，延伸至学习外国文学的目的、西方文学理论，再回归到中国文化哲学及中国现实社会文学的功用等内容。随着问题探讨的深入，有学习者感觉自己学科底蕴不足，在网上浏览查找了大量相关资源为自己的观点进行辩驳。从学生发帖的激烈回应及师生互动问答中，可以明显看出隐性引导式教学设计通过激发思辨的方式给学习带来的活力。网络资源、移动资源的利用，相较于传统课程教学，使价值观的传递从单一讲述走向情感裹挟，可以更有效地实现价值认知的构建。通过学习环境构建、教学团队支持服务、联通显性教育和隐性教育环节，使两者相互转化、相互融通，实现从思政课程目的向课程思政渗入的创造性转化。

作为英语课程，蕴含于教学内容中的价值取向、思维模式、文化观念等内容，相较于其他课程，更容易在潜移默化中影响学习者看待世界的价值观、判断力和思维方式。远程英语教学在教学环节的设计及实践中，除去促进学生获得英语语言知识和能力提升外，更要从培养人的视角，立足课程建设，实现知识传授、能力提升、人格健全与价值引领，通过基于网络的全程育人，基于教师团队的全员育人，基于隐性环境创设的全方位育人，团队教师采取样本示例、设置话题、创设情境、体验探究等方式，引导学生开阔视野，立足中国大地，认清国际形势；在与外语语言文化的比较衡量中，深刻认识、理解中华传统文化，建立文化自信；正确认识时代责任和历史使命，激励学习者把个人的理想追求融入国家繁荣、民族复兴的宏伟蓝图中。这些看似宏大的目标在课程思政思想指引下，可以通过教师的科学设计、巧妙引导，隐性嵌入教学过程中，对学习者产生潜移默化的力量，实现语言文化类课程"以文化人，以文育人"的教育目的。

第七节　大思政背景下英语翻译课程思政实践

党的十八大以来，打造"大思政"格局成为新时代高校思想政治工作的重要任务。如何在英语翻译教学中践行习近平总书记提出的"把思想政治工作贯穿教育教学全过程，实现全程育人"的思想，在英语翻译教学改革实践中不断探究"课程思政"的具体做法，使英语翻译教学发挥将专业知识转化为信仰的催化剂作用，是一个值得全面深入探究的课题。充分挖掘英语翻译课程中的思想政治教育资源，在英语翻译教学中导入中国主流媒体对时事新闻的英文报道，融入中国元素，对学生进行意识形态引导，实现"课程思政"与英语翻译教学的无缝对接，有助于培养既具国际视野又具家国情怀的翻译人才，是国家培养一批政治素质过硬的国际专业人才战略目标的有力保障。

中国特色社会主义已迈进新时代。夺取中国特色社会主义的伟大胜利，中国需积极参与全球事务和全球治理，推进"一带一路"倡议的实施，促进人类命运共同体的构建。如此，需要培养一批能熟练运用英语、通晓国际规则、既具家国情怀又具全球视野的政治素质过硬的英语翻译人才。英语翻译课程作为中西思想与文化交融、交锋较为激烈的领域，为西方意识形态渗透提供了便利。学生的人生观、价值观很容易受到西方意识形态的负面影响，出现价值观的混乱。在国家提出"大思政"的背景下，从思政课程之外的其他专业课程中挖掘思政资源，融入爱国主义教育，英语翻译课程教学无疑是最为合适的土壤。在新时代和新国际形势下，英语翻译教育事业面临着新要求和新挑战。英语翻译教学要继续服务改革开放，更加注重服务经济、文化走出去，服务中国参与全球治理和构建中国国际话语体系。面对新国际形势，将习近平新时代中国特色社会主义思想融入英语翻译课堂，增加英语翻译课程教学中的思政内容，对学生进行人文素养教育，结合英语翻译专业特色立德树人，是英语翻译人才培养的必要举措，具有重要的现实意义和价值。

一、"大思政"育人理念与课程思政的提出

（一）"大思政"育人理念

高校思想政治工作需要打造"大思政"育人新格局，"各门课都要守好一段渠、种好责任田"。党中央明确提出要构建"大思政"格局，将思想政治工作贯穿高校教育教学全过程，发挥价值引领作用，该理念成为党的十八大以来新时代高校思想政治工作的重要任务。中共教育部党组于2019年9月3日印发《"新时代高校思想政治理论课创优行动"工

作方案》通知，其中第二十四条提到"完善高校思政课建设格局。积极建设'思政课程+课程思政'大格局，制订专项工作方案……"因此，"大思政"育人理念就是指在坚持思想政治理论课主阵地作用的基础上，完善思想政治教育，坚持以习近平新时代中国特色社会主义为核心指导思想，通过建立多元联动、高效联通的体制机制等手段，以培养政治素质过硬、知识领域宽广、既具国际视野又有家国情怀、能担当民族复兴大任的时代新人和德智体美劳全面发展的社会主义建设者和接班人为根本目标的教育教学理念。

（二）"课程思政"的提出

"课程思政"是"大思政"理念在课程教学中的具体呈现。"课程思政"这一概念是2014年由上海市教委率先提出的。2016年，上海高校的改革经验被纳入中央31号文件。习近平总书记在2016年12月7日至8日召开的全国高校思想政治工作会议上强调要"把思想政治工作贯穿教育教学全过程，实现全程育人、全方位育人……各类课程与思想政治理论课同向同行，形成协同效应"。2017年12月4日，教育部党组发布《高校思政工作质量提升工程实施纲要》，提出"要统筹推进课程育人，大力推动以'课程思政'为目标的课堂教学改革……梳理各门专业课程所蕴含的思想政治教育元素和所承载的思想政治教育功能，融入课堂教学各环节，实现思想政治教育与知识体系教育的有机统一"。2019年3月18日，习近平总书记在学校思想政治理论课教师座谈会上发表的重要讲话中提道：要坚持显性教育和隐性教育相统一，挖掘其他课程和教学方式中蕴含的思想政治教育资源，实现全员全程全方位育人。

二、英语翻译教学中开展"课程思政"的必要性

面对世界范围内多元价值交织、渗透的新形势，在社会主义核心价值观与西方所谓的"普世价值观"激烈竞争的复杂背景下，英语翻译专业学生面临着西方价值观与文化思潮的冲击，部分学生存在价值取向扭曲、社会责任感淡薄、政治信仰模糊等不同程度的主流意识形态认同问题。由此，在英语翻译教学中开展"课程思政"显得尤为必要。

（一）英语翻译"课程思政"建设为实现国家培养政治素质过硬的国际专业人才战略目标提供保障

高校英语翻译专业是为中国特色社会主义建设事业培养高级英语翻译人才的主阵地。英语翻译专业学生身兼"让中国了解世界"和"让世界了解中国"的重任，因此，学生具备高超的翻译能力和职业素养的同时，更要具备过硬的政治素质和道德修养。而为了培养学生高超的翻译能力，就必须大量输入目的语语言文化。任何语言都会传递某种价值取向和意识形态。因此，学生在学习英语翻译的过程中，也在习得一种新的思维方式、一套新的文化价值体系，英语所蕴含的文化价值观和意识形态必然会对其产生影响。因此，教师在帮助学生提高英语翻译能力的同时，有必要挖掘英语翻译课程中蕴含的思想政治教育元素，以消解外来意识形态和价值观带给英语翻译专业学生的渗透和负面影响，确保培养出

的学生在参与涉外活动时，不仅能出色地完成翻译任务，更能维护国家尊严，时刻保持坚定的政治立场和强烈的爱国热情；坚持"中国特色社会主义道路自信、理论自信、制度自信、文化自信"，最终成为翻译能力高超、政治素质过硬、既具国际视野又有中国情怀的英语翻译高级人才。

（二）英语翻译"课程思政"建设是讲好中国故事的基础

2016年，王守仁教授在解读《大学英语教学指南》时指出：今天的外语学习，除了当初的目的，还要通过外语传播中国思想、中国学术和文化。在与西方人交往过程中，很多中国人往往无法用英语准确流利地阐述中国文化，无法做到母语文化的准确输出，只能被动接受西方文化信息的输入，于是出现了"中华文化失语症"。新时代赋予英语翻译教学新的使命，即创造性地将"中国道路""中国文化""中国外交"等元素融入英语翻译课程教学之中，培养学生用英语"讲好中国故事，传播中国声音"的能力。近年来，为服务国家未来向国际组织输送国际专业人才和"一带一路"顶层设计的长远规划目标，要求我们在注重培养学生英语翻译能力的同时，通过开展英语翻译"课程思政"使学生深刻理解、精准把握"中国道路"和"中国外交"的内涵，熟悉中国国策，了解中国政治、经济、文化和社会体制，帮助学生做好"中国元素"的英文储备，以便未来在国际舞台上能熟练地运用英语阐释国家政策，维护国家利益和尊严，向世界展现真实、立体、全面的中国，提高中华文化影响力。

三、英语翻译教学中"课程思政"的实施路径

思想政治理论课作为思想政治教育显性课程的核心地位不能动摇，但思想政治教育隐性课程的育人功能也不容忽视。英语翻译课程的特殊性决定了其在思想政治教育中扮演着关键角色，具有自身独特的育人优势。英语翻译课程将思想政治教育功能"隐身"于其整个教学活动过程中，在翻译理论和翻译实践教学过程中强调主流价值的引领作用，对学生的人生观、价值观和职业道德素养进行潜移默化的影响，从而形成正确的价值观，树立坚定的理想信念，使学生在学习过程中领会教育的意义。因此，在英语翻译课程中开展"课程思政"具有重要意义。

（一）通过导入时事新闻的英文报道开展英语翻译"课程思政"

可以通过在英语翻译课程中导入时事新闻的英文报道，对学生开展国情政策、家国情怀、政治素养、理想信念、价值观念、职业素养教育。向学生推荐《中国日报》英文版、《新华网》英文版及《二十一世纪报》等国内主流媒体英语新闻网站。这些媒体从中国的视角报道国内外重大事件，稿件内容丰富、报道有深度、更新及时，让学生通过国际视野学习平台了解天下事的同时，对学生进行主流意识形态的教育。

1. 利用时事政治新闻开展英语翻译"课程思政"

教师可以在党的全国代表大会和"两会"召开期间，将有关会议的中英双语对照新闻

报道作为英语翻译课程的学习材料，向学生介绍会议相关热点词汇及其英文表达，同时通过班级微信群、微信公众号、微博等向学生推送会议相关资料，鼓励学生跟踪国内热点话题，使学生通过翻译时政新闻提高翻译实践能力的同时，了解中国特色政治体制表达的相应英文表述，潜移默化地将习近平新时代中国特色社会主义理论、党的执政理念、党领导下的国家在各领域取得的伟大成就等国情国策、国体政体内容融入英语翻译课堂，使学生关心国家大事，了解形势政策，实现英语翻译教学的国情政策、家国情怀和政治素养教育。

2. 利用时事热点新闻开展英语翻译"课程思政"

教师也可以将《中国日报》英文版、《新华网》英文版及《二十一世纪报》等主流新闻网站关于2015年"也门撤侨"、2018年"日本台风，'中国式撤离'"等展示中国大国风范的热点时事新闻报道在事发时作为英语翻译课程的翻译材料推送给学生，让学生在翻译实践中感受祖国的强大，激发学生的民族自豪感和爱国热情，树立正确的理想信念；在"川航5.14事件"发生当天，将中国主流新闻媒体英文网站关于该事件的报道作为学生翻译实践材料，让学生通过翻译练习了解四川航空8633号航班的英雄事迹，从英雄事迹中学习英雄精神，感受机组人员对航空安全的政治担当、严谨科学的专业精神、团结协作的工作作风和敬业奉献的职业素养。让学生在翻译实践中接受理想信念、价值观念和职业道德教育，形成良好的翻译职业素养，培养高尚的翻译职业道德。

（二）通过融入中国元素开展英语翻译"课程思政"

还可以通过为学生布置课外翻译材料以拓展思想政治教育的深度和广度，来开展英语翻译"课程思政"。例如，可以借助《中国日报》《人民网》《新华网》《中国经济网》等国内权威媒体的英文版网站，选择具有教育意义的英文新闻报道作为英语翻译课程的课外翻译材料，特别是向学生推荐以上主流媒体报道的、中英文对照的有关中国纲领性文件及有关政治文化活动的媒体评论作为课外阅读材料，以此来促进学生对国情的了解，丰富思想政治教育的内容，多渠道提升学生的思想政治意识。通过阅读以上材料，要求学生了解中国的政治机构或相关文化组织机构名称，熟练掌握有关国家政策、国家政治、经济、文化、社会体制的专业术语及关键词的权威翻译，例如，"五位一体"（the five-sphere integrated plan），"四个全面"（four-pronged comprehensive strategy），"习近平新时代中国特色社会主义"（Socialism with Chinese Characteristics for a New Era）、"人类命运共同体"（a community with a shared future for mankind）"一带一路倡议"（the Belt and Road Initiative）等，知晓其翻译背后的意识形态传播问题。向学生推荐《习近平谈治国理政》的双语版作为课外阅读材料，以此提高学生对中国元素英语表达的敏感度，提升其进行中国文化外宣的精准表达能力。也可以推荐学生观看由中国国际电视台、新华网、中国日报网等电台或新闻网站播出或发布的英语新闻时事报道或对国家政策最新解读的视频材料或英文文本，使教学资源既紧跟时代发展，又具理论深度。鼓励学生在提高翻译实践能力的同时，了解中国共产党和社会主义现代化建设的相关知识，充分储备中国文化和中国特色的词语或表达，为讲好中国故事奠定扎实的基础。

（三）通过意识形态引导开展英语翻译"课程思政"

作为交流工具和文化载体的语言同时还具有传播意识形态的功能。语言使用者不可避免地受其所处社会的价值观、理想信念、社会文化思想体系等意识形态因素的影响。新闻媒体作为国家喉舌给新闻语言打上了意识形态的烙印。随着全球一体化进程的推进，英语作为国际主流媒体语言显得日益重要。以英语新闻为主导的国际舆论充斥着人们的生活，甚至操纵着人们的意识形态。由于意识形态和国家立场的差异，西方媒体在涉华报道中始终未摆脱"中国威胁论"，用"专制""野蛮""落后"来描述中国，抹黑中国形象，借民主、人权来打压中国，采用双重标准。而进行新闻编译的目的在于确保新闻译文符合目的语社会主流文化意识形态和目的语读者的认知期待。因此，可以通过引导学生在涉华英语新闻翻译过程中对英语新闻意识形态进行恰当转换，使其符合中国主流意识形态和政治立场，塑造良好的中国形象，以此来开展英语翻译教学"课程思政"。

此外，要引导学生深度挖掘外媒新闻背后隐藏的意识形态问题。随着中国经济的飞速发展，中国在国际事务中扮演着越来越重要的角色。由于文化和意识形态的差异，出于利益考虑，对同一事件，世界各国会选择不同的视角进行渲染、评论与报道，掺杂着各自浓厚的意识形态。通过分析中国和西方国家权威媒体对涉华问题的报道，了解中西方文化背后蕴含的不同话语思维与逻辑，引导学生理性梳理西方涉华报道潜藏的意识形态问题，还原西方媒体的真实用意，并能从中西方不同的文化视角出发，客观中立地看待中西方政治、经济、文化和社会现象，学会理性思考，具备批判意识，不允许任何西方媒体扭曲事实，做到不被西方报道误导，时刻维护国家形象、捍卫国家尊严。

高校是培养人才的摇篮，也是大学生接受思想政治教育的主阵地。随着全球化的不断发展，英语翻译作为文化沟通的桥梁，在促进世界各国文化交流、维护文化多样性方面发挥着日益重要的作用，同时也为西方意识形态的渗透提供了便利。在西方价值观与文化思潮的冲击下，部分学生出现政治信仰模糊、社会责任感淡薄、价值取向扭曲、荣辱观念混乱、个人道德滑坡等问题。因此，必须允分挖掘英语翻译课程中的思想政治教育资源，开展英语翻译"课程思政"，以此来消解学生在英语翻译学习中西方意识形态带来的负面影响，确保培养出的英语翻译人才不但翻译能力超强，而且政治素质过硬，既具全球视野又不失人文关怀，为实现中华民族伟大复兴的中国梦贡献青春力量。

第四章 大学英语课程育人探索

第一节 课程思政与大学英语课程育人

课程思政对于高校落实立德树人根本任务,确保将思想政治教育贯穿教育教学全过程,培养品学兼优全面发展的人才具有重要意义。大学英语课程与思想道德、价值观念、意识形态之间具有密切的关系。当前推进"课程思政"教育教学改革应当充分发挥大学英语课程的育人功能,使大学生在习得英语知识、获得英语技能的同时,塑造优良的思想品格,树立正确的价值观念。

高校是人才培养的重要阵地,各门课程都承担着重要的育人功能。习近平总书记在全国高校思想政治工作会议上强调,要用好课堂教学这个主渠道,各类课程都要与思想政治理论课同向同行,形成协同效应。从"思政课程"到"课程思政",是将思想政治教育工作贯穿教育教学全过程的重要教学改革和实践探索。大学英语课作为高校全体大学生的必修课程,不仅应该承担发展学生语言知识能力和培养英语技能的教学任务,更应该把立德树人作为根本任务,传递正确的价值理念,充分发挥与思想政治教育的协同作用,探索"课程思政"教育教学改革方向,实现课程育人功能,引导大学生树立正确的世界观、价值观和人生观。

一、"大学英语"课程在思政教育功能发挥中存在的问题

(一)教学过程中的思想教育引导不够

长期以来我国大学英语教学在教学理念、教学过程和教学内容等方面,着重强调学生英语知识和技能的掌握及英语应试能力的发展,在设定教学目标中更重视学生对教材中语言知识点的理解和掌握,却忽略了对学生思想道德素质、意志品格、社会交往能力等非智力因素的培养,缺少思想政治教育内容。目前,大学英语教学从教学理念、教学内容到教学过程,都未对发挥课程思想政治的功能给予。为了更好地实现课程育人,在教学过程中应该充分发挥大学英语的学科育人功能,通过搭载语言学习形式,在教学的各个环节中渗透思想政治教育理念,将知识的习得、技能的培养与文化及其多元价值的评判、借鉴有机结合。只有这样,才能在体现学科特点,发挥学科价值的同时,最大限度地实现教育目标,

既夯实知识,又充实内容,更好地提高教学效果和育人实效。

(二)教师的育德意识不足

当前,大学英语教师普遍认为大学生的思想政治方面的培养,仅仅是思想政治教育工作者和辅导员等专门人员的任务,和他们的英语教学活动无关。因此,大多数大学英语课教师在教学中只重视学生语言知识的习得和听说读写译等语言技能的培养,却忽视了在教学的同时引导学生关注思想道德水平的提升。在教学目标和定位上,由于"育德"意识不足,也不能充分和深入地挖掘教材和教学过程中的思想政治教育内容。此外,很少有大学英语教师会在教学之外,主动了解学生的思想状况。可以说,不论是学校、教师还是学生自身,对于挖掘大学英语课程的思想政治教育功能的重要性的认识都是非常不到位的。

(三)教材内容的思想性不强

课堂是教学开展的主阵地,教材是教学开展的主要载体。教材的内容和编排直接影响了大学生的学习内容和学习情况。但是目前大部分大学英语教材选用的几乎都是英美国家的文章,谈论的是英美国家的人、事、物,尽管在语言表达上更具真实性和准确性,更原汁原味地反映英语的本土文化,但也不可避免地承载了西方的价值观和意识形态。众多研究表明,一些以英美文化为主的教材,涉及中国文化的内容过少,更多传播了西方的价值取向,导致学生的母语文化意识薄弱。

二、在"大学英语"课程中推进"课程思政"教育教学改革的重要价值

(一)落实党和国家教育目标的需要

当前,党和国家高度重视"双一流"建设,在推进高等教育内涵式发展的过程中持续发力,而培养一流学生正是"双一流"建设的关键所在。《国家中长期教育改革和发展规划纲要(2010—2020)》中提出,高校要培养"能够参与国际事务和国际竞争的国际化人才"。随着我国国际化水平的提高,我国高等教育发展也深受国际化的影响,国家要立足于世界舞台的中央,不仅要帮助当代大学生掌握与世界接轨的语言,更要培养出能够正确认识中国特色和国际比较,正确认识时代责任和历史使命的新时代青年。习近平总书记在全国高校思想政治工作会议中特别指出,要用好课堂教学这个主渠道,"其他各门课都要守好一段渠、种好责任田,使各类课程与思想政治理论课同向同行,形成协同效应"。以此为标杆,大学英语教学应该发挥好传授知识培养技能和开展思想政治教育的双重功能,在帮助学生开阔视野、理解西方文明的同时,更应当教会学生以批判性的眼光看待西方核心价值观。通过大学英语教学的开展,一方面加强当代大学生对西方道德、伦理、价值观的了解;另一方面树立起大学生对国家、民族、社会的责任感与使命感。

（二）引导大学生成长成才的需要

大学生是民族的希望和国家的未来，中华民族伟大复兴的重任必然要落在青年大学生的身上。大学阶段，一方面学生正处于世界观、人生观、价值观发展成熟的关键时期，性格比较单纯，乐于接纳新事物新思想；另一方面，大学生群体的认识能力、辨别能力、分析能力等正处在养成时期，他们没有较高的政治觉悟，对于西方外来文化也缺乏正确的鉴别能力，因而极易受到资本主义多种消极思想如拜金主义、享乐主义等的影响。特别是喜欢英语、热衷英语学习的大学生，他们对西方文化和知识颇感兴趣，从众多英语电影、电视剧、英语原版小说及社交网络等媒介中获取对西方的认知，同时一并接收着西方所要传递的一切价值观念，缺乏正确的理性认知、真实的经历和切身体验。因此，大多数大学生对于西方思潮和价值观念的认识还是比较肤浅和表面的，如果不能及时给大学生打上思想的"预防针"，引导他们树立正确而坚定的社会主义理想信念，将会影响其形成正确的世界观、人生观和价值观，也很难成长为一个合格的中国特色社会主义事业的建设者和接班人。

（三）促进英语教学科学发展的需要

语言是意识形态和价值观念的载体，英语这门学科的教学具有特殊性。只重视语言知识与技能，忽视价值观念引导和思想政治教育的大学英语教学，更容易使西方主流意识形态潜移默化地影响大学生的思想价值体系。应该说，大学英语教学目标、教学内容及教学过程同高校思想政治教育目标、内容、过程是统一的，两者目标都在于为国家培养一流的人才。在具体教学内容及教学过程中，大学英语教学与思想政治教育应达到互相融入、相互促进的效果。中共中央、国务院《关于进一步加强和改进大学生思想政治教育的意见》中指出，"要把思想政治教育融入大学生专业学习的各个环节，渗透到教学、科研和社会服务各个方面"；《大学英语课程教学要求（2007年版）》中也提出，"大学英语课程不仅是一门语言基础课程，也是拓宽知识、了解世界文化的素质教育课程，兼有工具性和人文性。因此，设计大学英语课程时也应当充分考虑对学生的文化素质培养和国际文化知识的传授"。因此，大学英语的教学内容和教学过程不是孤立的，是应与高校思想政治教育互相融合、相互统一的，充分发挥并实现两者的相互促进作用。

此外，把思想政治教育融入大学英语教学中，既有利于提升学生的思想文化品质，又有利于加强英语教学的实用性、知识性和趣味性。将高校英语课堂与思想政治内容相结合，促进学生更全面地学习世界、了解世界、认识世界，帮助学生树立正确的世界观、价值观和人生观。同时，融入思想政治内容，有利于语言学习与现实生活相结合，在丰富英语教学内容、拓展知识面、提高语言实用价值的同时，更能激起学生对英语学习的热情和兴趣，从而能够更好地促进学生的学习积极性。譬如，大学英语教师利用教材充分挖掘思想政治因素，对学生开展思想教育，不仅能够活跃课堂气氛、提高学习效率，更能潜移默化地塑造成熟正确的思想。因此，在大学英语教学中渗透思想政治教育，双方可以相得益彰。

三、"大学英语"课程发挥育人功能的主要路径

（一）推进"大学英语"课程发挥"课程思政"育人功能的基础在教材

大学英语教材的设计和编写，不应该只考虑学生语言知识和技能的学习，还应充分考虑所选材料的思想性和教育性，以及材料内容的时代性，相关概念的准确性和价值观念的社会性。一方面，在教学内容知识性允许的范围内，最大限度地选择能够提高学生人文素养、思想品格和心理素质的内容。选取的教材应对大学生世界观、人生观和价值观的形成有积极的正面作用，同时，还应注意其中蕴含的思想品德内容与大学生德育的相关性，应该强调作为个体的人在面对社会与自然时所遵循的道德规范。另一方面，在使用英文原版教材时，应当注意深入挖掘材料中所蕴含的与中华优秀传统文化相一致的思想观念、人文精神和道德规范，对教材中与社会主义核心价值观相悖的部分进行批判性阅读，并对学生开展适时的思想教育，培养学生独立思考的习惯与批判性思维。我们应该找到大学英语教育和思想政治教育之间的最佳平衡点，真正做到语言知识的学习、语言技能的训练与思想政治教育三者的有机融合。

（二）推进"大学英语"课程发挥"课程思政"育人功能的重心在教学

大学英语课堂有课时多、跨度大、覆盖面广的特点，并且对学生从听、说、读、写、译五大方位、多个层次进行传授和教导。在这种情况下，大学英语教师在教学过程中注意渗透思想政治教育就显得尤为重要。在设计教学目标和教学方案时，应将思想政治教育加入课程目标和实施方案中，并在课堂教学中贯彻施行。教师在课堂上应该不仅注重文化知识的传播，还要结合教学内容中反映文化艺术、奋斗理念、创新精神等积极向上的素材，加以解析、教育和宣传，并注意取其精华，去其糟粕，正面引导学生的思想。

高校英语教师在指导学生开展第二课堂活动、自主学习时，也应当注意加强思想政治教育。一方面，教师要充分掌握学习材料中所体现的价值倾向，注重对材料的选取及对学生价值观的引导，帮助学生开展批判性的自主学习；另一方面，要加强培养健康网络的意识，引导学生在自主学习英语的同时，既能保护自己不受不健康信息的诱惑，也不传播不良网络信息。

（三）推进"大学英语"课程发挥"课程思政"育人功能的关键在教师

著名教育家叶圣陶称"教师是培养人才的人才"，教师的使命不仅是教会学生知识与技能，更重要的是对其进行思想道德上的培养与提升。大学英语教学的特殊性在于教师要关注的不仅是语言教学，还要解析不同的文化和价值观。在英语教学中，教师的思想政治修养会对学生的世界观、价值观及人生观产生潜移默化的影响。因此，大学英语教师应当通过不断地反思和学习，做到头脑清醒、是非分明、立场坚定，能够保证自己坚持正确的教育观、质量观和人才观。大学英语教师应贯彻落实全国高校思想政治工作会议精神，准

确理解思想政治教育的内涵，正确认识语言教学和意识形态的关系，深入思考培养什么样的人才、如何培养人才及为谁培养人才这类根本性问题。在教学过程中，大学英语教师应当充分发挥大学英语教学课堂主渠道的作用，将思想政治教育和大学英语课程巧妙结合，真正做到围绕学生、关照学生、服务学生，守好自己的一段渠，种好自己的责任田。严格遵守教学大纲的安排，充分发挥语言教学的思想、情感、文化三维交流和教学育人的作用，加强对学生的思想政治教育，把为人处世的道理、把社会主义核心价值观的要求、把实现中华民族伟大复兴的中国梦的责任感和使命感的培养，融入大学英语的教学中，使他们成长为担当民族复兴大任的时代新人。

第二节　教育生态学与大学英语课程育人

教育生态学是运用生态学的理论和方法研究教育现象和教育问题的一门交叉学科。从生态学的视角出发，阐述大学英语教学改革中存在的新现象、新问题，进而对大学英语课程育人功能进行进一步研究，旨在将学生培养成具有扎实的英语基础、良好的人文情怀，同时具有国家富强、民族振兴使命感的合格人才。

"生态学是研究生命系统和环境系统之间相互作用规律和机理的科学，随着生态学的思想、原理和方法被广泛运用于自然科学和社会科学的各个领域，它对教育研究领域的影响也不断深入，产生了将教育及其生态环境相联系，并以其相互关系及其机理作为研究对象的教育生态学（educational ecology）"。美国哥伦比亚大学师范学院院长 Lawrence Cremin 于 1976 年在他的代表作《公共教育》中首次提出"教育生态学"。Lawrence Cremin 认为，教育生态学运用生态平衡原理及协同进化等原理与机制，研究教育的多种现象与原因，揭示教育的发展趋势及方向，从而使我们掌握教育的发展规律。"教育生态学的重点是对教育生态系统各个因素及各因素之间关系进行探讨，它是指以人类为主体的复杂生态系统，是更高层次的系统，课堂教学是一个由多种因素相互依存、相互制约而构成的具有整体性、联系性和共生性的生态系统。其特点就是应用生态学理论和方法研究教育现象，探索教育规律。"大学英语教学是教师和学生在特定时空内交互作用、影响，构成教育生态系统的子系统。将教育生态学理论运用到大学英语教学中来解决教学中存在的问题，可使英语教学更人性化、科学化、实用化，有助于提高学生的总体素质。

当前大学英语教学仍存在一定的问题，导致了社会对学生英语水平要求的提高和学生的实际英语水平滞后的严重失衡问题。问题主要表现在：

目前，大部分高等院校大学英语课时明显减少，华东理工大学外国语学院就已将大学英语从每周 4 课时减少为 2 课时，使学生逐渐感觉英语学习不再重要，随之，淡化对英语的学习；同时，许多大学英语教师淡化英语授课，不再花大量的时间备课，致使讲义内容陈旧，不能与时代同步；教师以完成任务的心态授课，不再思考如何吸引学生的注意力，如何以合适的方式将知识传递给学生；教师授课方式陈旧，即便在多媒体教室上课，有的教师也不使用多媒体教学，和学生互动有限，导致学生学习积极性不高，学习效果不理想，生态教育失衡的现象显现。

通过高考进校的大学生已经习惯了做卷子、得高分的教学模式，他们始终处于应试教育的轨道上，比如，他们可能对某一个具体的语法点学得非常细，但是阅读量却远远不够，相比英美国家的学生每周要有8～9本书的针对性阅读，差距是很大的。课堂上用于练习听、说的时间也非常有限，没有形成使学生养成用英语思维的环境。大部分学生上课只是关注和考试相关的内容，并不在意如何真正提高自己的外语水平，如果教师要求学生通过思考、分析、判断并进一步讲解，他们就不知所措。课堂上的小演讲，可以了解学生的语言实际运用能力；对于口语考试，学生也只是提前准备，然后背诵，真正的语言运用能力十分有限。由此，可以清楚地看出学生英语的运用能力和考试成绩存在巨大的差异，这种差异偏离了生态教育学的初衷。

目前，大学生面对的客观现实是课内学习时间明显减少，如果学生无法有计划地进行课外英语学习，那么英语水平必然会走下坡路。大多数经过高考进入大学的学生自己安排、计划学习的习惯尚未形成，还延续着高中阶段被动的学习模式，比如，大一的学生还处在高中的学习模式里，经常会问教师有什么作业、什么时候交，如果没有作业，他们就无事可做。大学生的课余时间是比较多的，如果除了完成作业，不知如何安排时间，提升自己，势必造成时间上的浪费和学习的低效率，这也完全违背生态教育的初衷。

为了把学生培养成合格人才，大学英语教师可以充分利用课堂的有限时间，引领学生对英语学习有一个总体规划和设计。尤其是对学生的学习方法和学习策略要有一个总的引导。

一、为学生的职业生涯导航

由于大学英语课时较少，作为一门基础课，在大学期间的，上课时间也只有两个学期，这就需要大学英语教师在传授知识的同时，还要起到为学生职业生涯导航的作用。首先，需要在学生的内心深处埋下一粒种子，使他们深深意识到英语学习对于未来的职业发展起着举足轻重的作用，英语是他们进一步发展的敲门砖，无论想出国深造、考研，还是直接步入社会，良好的听、说、读、写、译的能力会成为他们永远的优势。在此基础上，学生会进一步规划自己的人生方向，制订切实可行的方案、计划，具体到每天的分分秒秒，使英语学习成为他们生活中必不可少的一部分，就如同每天需要吃饭、睡觉一样自然。

二、为学生营造真实的语言环境

英语学习是学习并接受西方先进文化思想，进而内化形成自己的理念、提升自己的过程。在课堂上，英语教师需要采用不同的方法和策略为学生营造真实的话语情境，例如，首先，引导学生用英文讨论某一个特定的主题，或形成正反两组进行辩论，激发他们使用英语的热情，使来自不同地区、英语水平不同的学生将他们的奇思妙想表达出来，这也是他们交流沟通、互相学习的过程，同时也加大了师生之间的互动；其次，把世界带进课堂，比如，把美国学生请进课堂，讲述他们不一样的学习过程及生活经历；再次，学生有很多去英语国家做志愿者的机会，回来后与大家分享过程和经历，找出自己的英语弱项，进而增强英语学习的动力；最后，在限定的时间内给每个学生一个做 presentation 的机会，对形式、内容加以引导，使他们的语言组织、表达能力都得到充分发挥。

三、英语学习的课外延伸

引导学生自己组合形成课外学习小组，同一个小组学生需要有信息差，性别、区域、英语程度要有一定的互补性。与此同时，就小组活动的时间、方式、内容，教师需要起到引领的作用，遇到问题及时解决，使学生有兴趣参与小组活动，"将课堂教学延伸至课外的以网络为支撑的个性化自主学习，以此来促进学生自主学习和合作学习能力的提高并重建师生和谐关系"。由于英语课内学习时间有限，有计划、有规律的课外延伸成为英语学习的必须过程。生态系统论认为，任何一个系统只有是开放的，与外界的环境有物质、能量、信息的交流，这个系统才是有活力的，并能不断发展，课外延伸需要在教师的设计下进行，有方法、有策略、有布置、有督促、有检查、有鼓励。在听、说、读、写、译几个方面都不可偏废，所以，引导学生构建生态的课外学习计划，形成生态的英语学习规律就显得尤为重要。比如，推荐微信链接，每天读一篇最新文章，从而提高学生的阅读量，掌握最新词汇和国际、国内大事；同一寝室同学每周看一部英文电影，然后小组同学一起用英文讨论，在接下来的英语课上由组员汇报电影的主题思想，这样不但提高了英语的听说能力，也增进了同学的友谊；每周给学生布置一篇作文，通过批改网提交，在提交过程中学生可以 N 次修改和完善，使学生明显地感受到自己的写作水平不断提高。除此之外，学生也可以参与到教师所进行的各种项目中来，比如外译项目，让学生感受到真实的翻译过程，同时不失为一个很好的学习锻炼机会。

四、树立文化自信和人文情怀

英语教师不仅帮助学生提高英语学习能力，而且为学生的职业生涯进行导航。因为"教师承担着传播知识、传播思想、传播真理的历史使命，肩负着塑造灵魂、塑造生命、塑造人的时代重任，是教育发展的第一资源，是国家富强、民族振兴、人民幸福的重要基石"。教师不仅是知识的传授者，更是学生职业的规划师和设计师，教师的一个理念、一个思路就可能成为学生一生为之奋斗的目标。为此，教师更要以《中共中央国务院关于全面深化新时代教师队伍建设改革的意见》为指导，"树立正确的历史观、民族观、国家观、文化观，坚定中国特色社会主义道路自信、理论自信、制度自信、文化自信"，并且具有深厚的人文情怀，这样才能引导学生树立正确的人生观、价值观。

大学英语生态教学改变了教学过程的单向知识传授关系，形成了团结、和谐、彼此促进的师生关系，打造了一个良好的教育生态环境，不但有效提高了学生的自主学习能力，而且大大地提升了学生的英语水平。在教育生态学视角下，大学英语课程除培养学生英语的听、说、读、写、译的能力外，还培养学生建构规范的行为方式和具有人文情怀的思维模式；用生态的理念为学生未来的职业规划导航；加强中华优秀传统文化和革命文化、社会主义先进文化教育，弘扬爱国主义精神，把学生培养成具有扎实的英语基础、良好的人文情怀，同时具有国家富强、民族振兴使命感的合格人才。

第三节　产出导向法与大学英语课程育人

在教育部提出全面实施课程思政的背景下，充分挖掘大学英语丰富的课程思政元素并实现其文化育人功能变得尤为重要。根据大学生思维发展、心理发展及教书育人的规律，运用"产出导向法"构建以产出任务话题嵌入价值思辨元素来逐步实现由价值引领到价值思辨再到价值塑造的大学英语课程育人机制，并探讨了大学英语课程中价值思辨引领实现其育人作用的现实意义，即潜移默化地培养社会主义核心价值观，训练学生客观辩证的思维方式，改变文化输入与输出的不对称现象。

在全国高校思想政治工作会议上，习近平总书记指出：高校思想政治工作关系高校培养什么样的人、如何培养人及为谁培养人这个根本问题。要坚持把立德树人作为中心环节，把思想政治工作贯穿教育教学全过程，实现全程育人、全方位育人，努力开创我国高等教育事业发展新局面。2020年5月教育部印发《高等学校课程思政建设指导纲要》是对这一思想的具体落实方案，明确指出了开展课程思政的具体方法，即"寓价值观引导于知识传授和能力培养中，帮助学生塑造正确的世界观、人生观、价值观"，作为高等学校人文教育重要的组成部分，大学英语课程具有工具性和人文性双重性质，更应充分发挥其育人作用。因此，充分挖掘大学英语丰富的课程思政元素，引导学生在分析、比较、鉴别和评估中不断净化、校正、更新和优化自身的价值系统和信念系统，培养学生的价值思辨能力，引领学生树立正确的思想价值观成为大学英语课程改革和发展的重点。

美国1996年颁布的《21世纪外语学习标准》强调了利用外语进行交流获得专业知识，学习并比较语言背后所反映的文化和理解文化产生的原因，体现了外语教学中的文化引领的重要意义。近年来，国内部分学者研究了如何将大学英语教育教学作为重要载体实现对学生的价值观引导。蔡晓惠提出了大学英语课作为一种工具性很强的语言课程，既承担着提高学生英语技能、传播文化的任务，又为学生价值思辨、情感态度等健康人格的培养与塑造提供了不可或缺、更有意义的载体。时丽娜研究了价值取向与大学英语教科书选材，全面探讨了教科书内容选择所呈现的价值取向与外语教育政策、大学英语课程标准（教学大纲）等各要素之间的密切联系，分析了在英语学习材料的选用、编写中，价值取向所起的作用。李宪提出通过教材及课堂教学融入思想政治教育内容，以及创新公共英语教学方法，来增强融入的实效性。这些研究宏观指出了实现大学英语价值引领和文化育人功能的重要性，同时也指出了教材选用的重要性，但缺少可操作可实施的具体教学模式和教学方法的研究。因此，本节旨在运用文秋芳教授的"产出导向法"，依据学生情感和心理发展规律构建价值引领、价值思辨、价值塑造逐层深入的课程育人机制，以任务产出为目标的价值思辨引领教学模式，开展大学英语课程思政教学。

一、大学英语课程育人机制的理论依据

教育的本质属性是育人，即一种有目的地培养人的社会活动。育人规律是教育内部诸要素与外部诸因素之间本质的必然的联系。然而，教育工作不可陵节而施，违背人的身心发展规律。习近平总书记也指出要做好高校思想政治工作，必须遵循"三大规律"，即思想政治工作规律、教书育人规律和学生成长规律。

大学生在心理发展上处于心理学家埃里克森提出的人生八个阶段中的第六阶段——成年早期（18~25岁），即成长接受教育时期的最后一个阶段。在大学四年中，大学生的思维智力水平是逐渐变化发展的，从心理学家佩里定义的多重性阶段（认识到事物的复杂性和多样性）逐渐向相对性阶段（认识到价值的相对性）发展，到了高年级达到一定程度的约定性阶段（认识到事物的发展不是绝对的，认识到自己所采取的立场、观点应有逻辑性）。教育要符合学生智力、思维、心理发展的规律，同时也要把握教育节奏，遵循教育规律，因此大学英语课程育人机制的构建要按照学生认识能力、思想形成规律循序渐进地进行。

文秋芳提出的产出导向法理论体系（POA）为外语教学提供了指导思想、理论支撑与实现方式，其核心为三个学说、三个假设和三个阶段。其中，全人教育说的教学理念兼顾了外语教学工具性和人文性的统一，重视学生思辨能力、自主学习能力及综合文化素养的培养。

"产出导向法"的教学理念改变了中国英语教学"学用分离"的弊端，教学假设是英语教学的理论依据，教学流程体现了语言能力和文化素养循序渐进提升的具体措施。因此，依据"产出导向法"构建的大学英语课程育人机制，即坚持以学生为中心，以产出为导向，不断提升学生英语学习体验的、引领学生坚定理想信念、厚植爱国主义情怀、增长知识见识、培养奋斗精神、增强综合素质，"让学生成为德才兼备、全面发展的人才"。

二、大学英语课程育人机制的实施路径

大学生年龄普遍在18~25岁之间，在人格发展上正处于成年初期，正是自我意识整理、

确立自我同一性的关键期，是个体在寻求自我发展中，对自我确认及相关发展问题（如职业、理想、人生观、价值观等）的思考与选择期。成年初期也是接受教育的最终阶段——综合阶段，该阶段是抛弃细节而积极运用原理形成思维习惯的重要时期。在思维智力水平发展上，大学生思考和分析问题必经一个对以往思维二分式以后的否定之否定过程，从以形式逻辑思维为主转为以辩证逻辑思维为主。这一时期，大学英语课程中的西方价值观和意识形态对学生人生观、世界观和价值观潜移默化的影响不容忽视，必须高度重视对学生价值思辨能力的引领与培养。价值观是一个多维度、多层次非常复杂的观念系统，指引着人们的人生选择和人生道路。价值观不同，努力方向、行为方式、处事态度和结果便也不同。在大学英语课堂上，要根据大学生心理思维发展路径，掌握学生在不同阶段面临的现实问题、心理需求和思维发展特点，建立更加符合学生认知和发展规律的价值思辨引领育人机制，帮助学生逐步形成正确的人生观和价值观。

大学英语教学通过引领学生的价值观念实现课程育人目的。根据大学生心理特点、思维特点、教育教学规律，大学英语课程育人机制分为三个阶段进行。

第一阶段：价值引领，即对学生进行科学的、正确的价值观引导。刚刚步入大学的大一新生第一次离开父母家庭的监护，成为独立的个体，开始进行自我意识整理，即自我意识的矛盾冲突与自我探究，不断地思考"我是谁？""我将来想要成为什么样的人？""我将来在社会上应该占什么样的位置？""我怎样努力成为自己理想中的人？"等。在这一时期，学生的思维水平也处在低级阶段，在脱离思维两重性、勉强承认多样性之间挣扎。

处于入学适应期的学生，在面临一系列急剧转变和心理矛盾冲突时，会产生迷茫、混乱、自我怀疑等情况，极易受当今社会上一些价值失范和迷失现象的影响。在大学英语课堂上，教师可依托产出话题，从知识、情感、态度、价值观等多维角度解析话题知识。从正面事件中挖掘予人向上希望、前行动力的因素；从负面事件中反思当下、明确责任，实现正面示范、积极引领的教学目标。

第二阶段：价值思辨。所谓思辨就是思考辨析，即分析、推理、判断等思维活动和对事物的辨别分析。度过困难的入学适应阶段，便进入心理稳定发展阶段，这一阶段学生们需要解决立志、定向、掌握专业知识及提高个人能力等问题。在思维上，他们越过两重性阶段，能够通过感知、分析和评价，认识到事物的复杂多样性及价值的相对性，达到相对性阶段。当学生心理发展进入稳定期，思维水平提高时，价值多元化仍有可能在一定程度上让学生感到困惑。在这一阶段，教师应更注重培养学生的价值思辨能力，引导鼓励学生进行自主分析判断，在尊重容纳不同价值标准与追求的同时，明确自身发展道路，做出正确选择。

第三阶段：价值塑造。价值塑造的本质即意识形态的培养。大学生活末期，学生们准备迎接新的人生分叉口：考研还是就业？这时，大学生面临毕业设计、实习、毕业后去向的选择，也许还有与恋人关系的处理等一系列现实问题及其引起的心理冲突。这是对大学生综合素质的考验阶段，也是促进其心理成熟、达成同一性阶段，即个体对自身有充分了解，明确自身理想与价值观，对未来发展有独立思考。心理上的成熟推动思维发展达到高级阶段——约定性阶段，不仅认识到事物发展并非绝对，也意识到自己的观点、立场必须具有逻辑性，能够根据不同情况采取更适当的方法处理信息及问题。在毕业前，完成价值塑造，使学生明确自身社会责任，具有奉献精神，能够维护国家利益，进入社会工作后既能达成自身成长与发展，又能促进国家和社会的可持续发展。

基于"产出导向法"的驱动、促成、评价三个流程，遵循学生思维发展和心理发展特点，构建出分阶段、分话题、分形式逐层深入的大学英语课程育人机制。

三、大学英语课程育人机制的教学设计

"产出导向法"的教学流程包括驱动、促成、评价，教学设计包括产出任务话题及为产出服务的输入材料的精心选择和教学活动的巧妙设计。

首先，在驱动阶段合理设计产出任务。根据"产出导向法"，按学生心理思维发展阶段精心选择产出任务话题，在产出任务话题中嵌入价值思辨要素。通过产出任务话题驱动学生产出的欲望，即在设定的交际场景中，让学生亲身体验产出任务的难度，产生学习的压力和动力。布鲁姆的教育目标是话题设计的重要依据，即话题内容要按照知识、理解、应用、分析、综合、评价六个层级逐渐增加难度。在进行产出任务话题设计时，根据六个思维层级设置不同认知水平的问题，做到层层递进，帮助学生组织思想、厘清结构与关联，加深理解，形成对任务性话题的全面认识。例如，在大学生刚入学的适应阶段选择教育作为产出话题，设置问题：大学教育的意义是什么？这是一个综合性问题，认知要求很高，需要学生进行应用、分析、综合与评价等多层次的思考来回答。刚拿到问题时，学生会感觉问题非常贴近自身境况，想表达的很多，但又很困惑不知道从哪入手，想阐述观点又找不到合适的英语表达。对此，教师可将问题拆分为不同思维层次的子话题，嵌入价值思辨元素，层层引导组织学生思考，最终做出综合性回答并实现价值引领。

其次，在促成阶段，教师明确产出任务，学生选择性学习，在教师指导下练习产出。教师作为促成者，对学生给予指导和检查。任务形式可以多样化，如个人陈述、讨论、辩论、表演、演讲等。多样化的任务形式既可以让学生进行独立思考，对讲授的话题及配套问题观察思考，独立寻找答案，也可以实现学生之间相互启发，充分发挥小组中辩证逻辑思维较强、接近约定性阶段的学生的作用，通过讨论、总结、汇报等形式帮助和启发思维仍处于两重性和多样性阶段的学生，逐步实现促进学生从现有思辨能力阶段向更高阶段的过渡。

最后，在评价阶段，对学生产出效果给出即时或延时的评价。在评价时教师和学生都是评价主体，在评价语言能力的同时也要关注学生对价值思辨要素的体悟。将价值引领效果纳入教学评价，可以采取多种评价方式，如口语展示可以看出学生对社会问题是否有积极正向的视角，小组讨论使学生在分享观点过程中逐渐实现正确认识，辩论使学生在激烈的语言碰撞中认识问题的多面复杂性，写作任务可以看出学生逻辑思辨能力。

在安排教学活动时，要仔细分析学生心理思维发展阶段的特点，以确定产出话题的次序。当学生升入高年级，心理和思维进入稳定发展期时，可以选取社会、生活、职业、情感、安全等产出话题，并在话题中嵌入相关的课程思政元素，如文化自信、中国特色与国际比较、文明公德意识、平等友善、敬业精神、国家安全意识等。在大学生活末期，最终完成价值塑造，实现心理上同一性达成，思维水平达到约定性阶段。

四、大学英语课程育人机制的现实意义

首先，大学生易受环境影响，在他们知识体系搭建尚未完成、价值观塑造尚未成型、情感心理尚未成熟时，应以大学英语课程为媒介，充分发挥其人文性，引领学生形成正确的价值观，在学习英语的同时，满足学生阶段性心理思维发展需求，潜移默化地培养社会主义核心价值观，逐步增强学生的政治认同，实现情感层面的感化，从而实现教育效果最大化。

其次，在文化多元化的现代社会，大学英语课程中的育人内容会更好地引导学生在正确认识世界和中国发展大势中掌握人类社会发展演变的一般规律，在正确认识中国特色和国际比较中锻炼客观辩证的思维方式，在正确认识时代责任和历史使命中以发展的眼光看问题，在正确认识远大抱负和脚踏实地中达到知行合一。

最后，以往的大学英语课程注重对西方文化的讲解与剖析，以期帮助学生更有效地理解语言的文化内涵，从而培养学生良好的跨文化交际能力，但跨文化交际是双向的，长期忽略中国本土文化在大学英语教学中的地位，会导致很多学生不能有效输出和表达本族文化。大学英语课程育人机制嵌入中国文化内容，将有助于改变这种文化输入与输出的不对称现象，让学生在跨文化交际中不仅能尊重理解英美文化，更能讲好中国故事，展现中华文化魅力。

大学生处于心理发展、思维发展、价值观念逐渐定型的时期，这一阶段利用大学英语课程引导学生形成正确的世界观和价值取向，有助于培养道德高尚、爱家爱国、勇于奉献的国家栋梁之才。大学英语课程的育人功能要通过教师精心设计教学内容，合理安排教学活动，完善教学评价方式和手段来实现；完成语言教学并同时实现对学生价值观念的引领，以及综合素质的提升。本节所构建的大学英语课程育人机制框架目前还处于发展完善阶段，后期要通过实证性研究来检验其实际育人的效果。

第四节　大学英语"课程思政"育人体系路径

"课程思政"是以"立德树人"作为育人的根本任务，把思想政治元素融入各门课程教学过程中，让学生在接受专业知识和技能培训的过程中潜移默化地实现思想境界深化的

教育理念。文章探讨了大学英语"课程思政"在培养学生价值观、提高学生英语学习兴趣、提升大学英语教学效果等方面的重要性。并从大学英语教材、大学英语教师、高校、课程设置、学生、评价方式六个方面探讨了有助于实现大学英语"课程思政"育人的路径，进而实现"三全"育人格局的教育理念。

《高校思政工作质量提升工程实施纲要》（2017年12月）明确提出了高校要统筹推进课程育人体系，把思想政治教育融入课程教学中，实现思想政治教育和专业知识教育的双提升。思想政治教育有助于人们形成正确的世界观、人生观和价值观，有利于培养健全的人格，而人格又与道德素养相互影响、互为促进。因此，思想政治教育是道德素养形成必不可少的一环。

教师是"课程思政"的助推者和践行者。韩愈在其《师说》中提道："师者，所以传道授业解惑也。""传道"即为传播真理。传道位居首要位置，可见自古以来教育家就十分重视"为人之道"。学生肩负着国家富强、民族复兴的伟大使命，是共产主义伟大事业的接班人，是中华优秀文化的传承者。"课程思政"把"立德树人"作为育人的根本任务，以"全员、全程、全课程"的"三全"育人格局形式使思想政治理论课程融入各级各类课程中，让学生在接受专业知识和技能培训的过程中潜移默化地实现思想境界的深化。"课程思政"能引领学生不断"提高思想认识，提升自己的价值观念，形成文化自信"，在思想和行动上以更积极的态势践行中国特色社会主义使命。"课程思政"能实现专业课和思想政治理论课的融合，"各门学科教师都能与思想政治理论课的教学同行同向"，对学生的思想教育具有连续性和连贯性。

一、大学英语"课程思政"的重要性

（一）有助于培养学生的价值观

英语作为一门世界通用语言，是国际交往的桥梁，兼具人文性和工具性。大学英语课程是我国高等教育必不可少的一门必修课程，其教学目的是培养学生能进行有效的跨文化交际，提高学生的文化素养，以适应我国当前经济社会的发展和国际交流的需要。同时大学英语课程属于人文学科，能对学生的知、情、意等方面进行培养，会影响学生的情感态度和价值取向。人文学科中蕴含大量的文化元素，而文化又常常体现了国人的人生观和价值观，含有大量的思想政治元素。因此，大学英语课程为大学英语"课程思政"育人提供了内容保障。在大学英语教学中，教师可根据单元或篇章内容挖掘其中所含的思政元素，通过教学内容的精心设计，使思想政治元素自然而然地融入课堂教学内容中，学生能在课堂中不知不觉地接触到中西方的文化知识，进而潜移默化地塑造了学生的家国情怀和国际视野。让他们能对中西文化进行正确的比较，熟知"中国文化、了解社会主义核心价值观"，并能以包容的态度接纳异域文化，推动人类命运共同体的构建。

（二）有助于提高学生的英语学习兴趣

在传统的大学英语教学过程中，教师注重学生英语知识能力的培养，在课堂上反复练习学生的英语听、说、读、写、译等技能，强调英语词汇的讲解、语法规则的掌握、阅读材料篇章结构的分析、课后翻译训练，这样的教学模式虽有助于提高学生英语水平和能力，但缺乏新颖，也难以激起学生的主动学习兴趣。思想政治内容的融入则能为大学英语教学注入新鲜血液，能拓宽学生关注的视角和焦点，让学生能更多地关注国家的时事政治、国家的大政方针政策、中国优秀文化等，进而能使学生主动把英语学习内容和思政内容进行联系，这种变被动为主动的教学模式能激起学生学习的内驱力，主动学习欲望强烈，能提高学生的学习兴趣。

（三）有助于提升大学英语教学效果

根据《义务教育英语课程标准》（2017版），英语课程应从小学三年级为起点，实质上很多学校已经从小学一年级就开设了英语课程。英语课程从小学到大学都是必修课程，其时间跨度长，涉及内容广，可见国家对英语课程的重视程度。为提高英语教学质量，国家投入了大量的物力和财力培养师资、改善教学环境、不断地更新教学内容、鼓励教师进行教育教学改革，虽取得了相当大的成效，但学生英语实际运用能力并不理想，多数学生不能随意自如地表达自己的想法。究其原因是多方面的，但主要原因在于教师在英语教学中更偏重理论知识的讲解，强调英语的工具性价值，较少关注"立德"，缺少对学生思政内容的灌输。大学英语"课程思政"能促使教师教学中心转向"立德""树人"的均衡关照，使教师和学生都能为了这一目标共同奋进。对教师是新的挑战，对学生也是新的要求。

二、大学英语"课程思政"育人体系路径

（一）研发蕴含思想政治元素的大学英语教材

大学英语是非英语专业学生在本科阶段的必须课程，跨度时间长，涉及内容多。英语是国际交往和科技、文化交流的工具，同时英语也能使我们了解世界优秀的文明与文化，促进中华优秀文化的传播，提升国家的软实力。在历来的大学英语教学中，教育管理部门和教师更多地关注其工具性特征，以培养学生英语专业知识为主，关注它作为一门国际交往的语言层面，因此在教材内容的安排上多为引用外国素材，介绍西方文化，往往忽视了中国优秀文化、中国语言的魅力、中国文字的优美、中国特色社会主义民主政治制度的优势，致使学生对自己国家的政治、经济、文化较为陌生。因此在选编大学英语教材内容时，对有助于培养学生家国情怀的思想政治内容也应考虑进去。然而大学英语教学中的思政元素相对于思想政治理论课教学中的思政教育来说更具隐蔽性，不容易被正确地发现和适当的挖掘，因此我们教材研发中心在编订教材时应该有意识地在单元内

容中涵盖一些可以对学生的价值观、人生观和世界观进行引导的思政元素,而学科专业课程与课程中的思政元素结合,以逐渐浸润的方式对学生进行思想教育,进而有助于培养学生的话语自信和文化自信。材料应尽量涉及具有中国特色社会主义政治和经济制度、我国的政党制度及具有中国特色社会主义道路和思想等内容,这些内容不但要融入课堂,还应渗进学生的头脑中。国家可以通过举办评选优质教材竞赛方式,挑选出最具思想教育内容的大学英语教材。

(二)增强大学英语教师的思想政治素养

根据《中华人民共和国教师法》(1994年版),"教师承担教书育人、培养社会主义事业建设者和接班人、提高民族素质的使命"。这一规定意味着要培养合格的、对社会主义发展和进步有用的接班人,教师首先自身应具备良好的思想道德修养和过硬的专业素质。在大学英语教学中,教师的思政素养和人格魅力对学生思想政治敏锐度有重要作用,因此教师首先应提高自己对国家政治、经济、文化等的敏锐性,密切关注党中央的最新动向和决策,时刻保持与国家的大政方针一致,并把这些方针策略镶嵌于大学英语教学中,让学生在学习专业知识的同时也能联系国家的策略,进而以随风潜入夜的方式培养学生的思想政治涵养。

(三)高校为大学英语教师提供"课程思政"培训保障

各高校应根据国家和当地教育部门对教师、学生的思政和德育能力制度标准设置相应的奖惩制度。就教师而言,除了培养自身政治敏锐性之外,还应培养主动学习和了解世界和国家政治与经济策略,了解国情,并把这些策略和方针运用于大学英语教学中,精心设计和安排教学计划的能力。相应的学院和教研室则可以单元为单位对蕴含思想政治教育内容的教案进行评价,集合教师共同力量商讨最切合单元主题的思想政治元素,实现教师现有资源共享,共同促进教师思政涵养和德育水平,提高学院的整体教学质量和水平。学校层面应为教师提供系统学习思政内容的机会,定期举行或定期派教师外出学习"课程思政"实施和改进的教学方案,进而提高教师对思政素材的敏锐性,最终实现大学英语"课程思政"育人教学模式的常态发展。

(四)改进大学英语"课程思政"课程设置

大学英语课程是大学生的一门必修课程,该课程的主要教学目标是培养学生的英语综合应用能力和跨文化交际能力,以适应我国社会的发展和国际交流的需要。大学英语具有人文性和工具性双重特性。因此,大学英语课程设置时既要考虑到英语专业知识的提高,也要兼顾对学生文化素养的培养。"课程思政"是思想政治理论课和各类课程的融会贯通、协同效应的一种教育理念,其根本任务为"立德树人"。大学英语"课程思政"的开展首先要对其学分数进行保证,尽量保持12~16学分,分学期分梯度地进行教学。大学阶段第一、二学期学习大学英语基础课程,课程思政方面尽量融入一些培养学生"奉献精神、集体意识和奋斗精神"等内容。大学阶段第三、四学期开设大学英语文化素养课程,如"中国文化概况（英文版）、中西文化对比（英文版）、治国理政金典成语、句子英译赏析，主要目的是培养学生文化自信、文化自觉、家国情怀和民族自豪感，塑造学生的社会主义核心价值观"。大学英语"课程思政"仍需通过英语教学过程中的听、说、读、写、译教学环节来实现。

（五）课程教学实施前对学生的思政储备进行学情摸底

大学英语"课程思政"目前仍处于探索阶段，教学评价尚处于尝试阶段，没有成熟和完备的方案可以直接借用，诊断性摸底能为教师对学生思政内容的储备状况进行了解。在大学英语课程教学活动开始前，教师可以通过测试、访谈、调查问卷等方式就学生关于大学英语"课程思政"内容准备程度做个了解。教师根据学生的测试结果调整教学方案，并告知学生本课程的教学内容设计包括思想政治素养的培养和英语专业知识的传授两部分，让学生自觉养成对思想政治的敏锐性，激发他们积极了解时事政治的热情，主动学习中国优秀文化的愿望，使思政内容的学习和专业知识的掌握能同向同行，协同并进。

（六）采用"客观量化和主观效度检测"的混合评价方式

"教学评价是对教学活动现实的或潜在的价值做出判断的过程。"它包括对教师的教和学生的学的效果评价。教学评价有助于弄清教学情况，评判教学效果，及时发现教学中的优缺点，进而对教学活动进行适时调整，促进教学水平，改进教学质量。大学英语"课程思政"注重对学生进行知识和德育双向培育，其评价标准除了沿用长期以来的测试检测的客观量化标准之外，还应采用主观效度检测，即通过教师对学生在学习过程中的表现进行评判。德育属于精神层面的教育，是隐形和不易感知的方面，难以通过试题进行客观检测，那么就需要教师在教学实践过程中对学生的言行、完成课后作业、课前呈现和课前讨论等表现给予综合评价，那样才能对学生的思想政治教育效果进行较为合理和公平的评判。

思想政治教育融入大学英语教学中是实现"立德树人"的有效途径，是当下高校英语课程改革的必然趋势，顺应了时代对人才的需求。大学英语"课程思政"在全国高校正如火如荼地进行着，有成功的案例，但也有许多需要改进和完善的地方，如如何检测大学英语"课程思政"实施的有效性；对大学英语"课程思政"教学评价体系的构建等问题目前还处于探索阶段。

第五节 "三全育人"下课程思政在大学英语教学

"三全育人"下的课程思政教育是将思政教育融入课程教学的宏观结构下的教育教学全过程。文章分析了在大学英语教育和学生学习的双向知识与能力提高过程中，加入优秀传统文化教育等内容，凸显思想政治教育的核心地位，实施课程思政融入大学英语教育教学的必要性与路径，以构建学校、教师、学生及社会环境协同运行的多维度大学英语课程建设与改革体系，实现大学英语课程的"三全育人"人才培养目标。

高等教育的教育目标就是培养德才兼备的符合社会主义发展需求的高素质大学生。这一目标指明高校应在培养知识渊博，能力突出的优秀大学生的同时，首先注重德的培养。因此，在学生知识能力提升的同时加强其思想道德教育、价值观教育等成为当前高校各学科课程教学改革发展的中心任务。

一、"三全育人"下的课程思政教育

"三全育人"以培养人为出发点，重点在"育"和"全"，其中"育"是中心，"全"为重心。即高等教育对人才培养的模式不能仅仅局限于"教"的过程，而应该向"育"的过程转变。教只是意味着知识和方法的传承，是知识得以延续和传播的重要方式与手段。但是单纯的教一方面会导致大学生培养过程中可能会出现固定式产出和模式化产出，无法满足社会发展对多元性、综合性人才的需求；另一方面也会导致大学生学习只重视知识和能力的获取。传统的教的过程只是体现了教书育人中的教书二字，对于育人的重要性并没有体现，也没有体现出对学生教育中的因材施教和思想层面"德"的培养，同时也没有体现教育发展对高校教师素质与能力提升的全新要求，已经无法满足国家发展对高校教育的人才培养需求。

"三全育人"理念下的课程思政教育在"育"德方面要求全体教职员工身体力行，以身为范，将自己的一言一行都放在教育者的角度，对学生开展德育教育和行为规范教育。在"全"的方面要将思想政治教育融入各学科课程教学中去，把爱国热情、文化自信、优秀传统文化学习与传播及关注国家实事等思想理念与教材内容相结合，对大学生开展思想政治与知识学习同步进行的教育新模式。同时还要借助于国家科技进步所带来的线上线下教育资源和校园文化、社区服务等多元化平台，对大学生的思想政治教育和文化理论知识教育进行全方位的教育。这就改变了传统教育中单一的思政课程育人模式，将点式和分体式的育人方式过程向全员全方位全过程的多课程协同教育发展，以实现全面育人的目的。

二、"课程思政"融入大学英语教学的必要性

作为高校公共基础课程的大学英语课程是高校除了英语专业以外，各学科均需开设的公共基础性课程，也是各专业大学生了解西方国家政治、经济、文化等方面知识的重要桥梁，也是学生学习国外不同科技知识的重要工具性课程，同时也是大学生受到国外信息冲击最多的课程。但是通过该课程学习和了解中西文化差异知识的同时，由于自身认知能力水平的有限，使得一些学生容易受到一些网络不良信息的影响，形成文化误判和价值观偏误的问题。另外，由于生源结构差异，使得很多思想政治教育的相关知识只能通过思政课程来学习，在对待课程思政融入大学英语课程知识学习和通过多维度进行

思想提升方面没有清楚的认识。这些现象不利于高校立德树人教育任务的开展。因此，在大学英语课程教育过程中融入爱国热情、奋斗精神和优秀传统文化教育等方面内容是极为必要的。

三、"课程思政"融入大学英语课程的实施路径

课堂教学是高校培养人才的重要途径。合理有效地利用课程的课堂教学对大学生实施思想教育和知识能力提升是"课程思政"融入课程建设和课程改革的主要方式。大学英语课程实施课程思政主要通过以下几种路径：

（一）教学内容设计围绕爱国热情和培养学生社会责任感进行

爱国是一个公民必须具备的道德情操，也是一个公民对祖国的基本态度。其表现形式多种多样，就课程教学环节而言，是指通过大学英语教学内容的设计转变学生学习大学英语的目的，引导学生热爱祖国，立志把为祖国做贡献作为自己的学习目标。

很多学生在步入大学阶段以后，简单地把英语学习的目的定位为通过大学英语相关的等级考试和作为一门学历提升考试科目，以实现自己的个人目标。在这种目标驱动下，学生无法将自身学习和爱国联系起来，很难形成社会责任感。只有在适当的章节教学内容设计时加以正确引导，才能很好地解决该问题。

例如，第三单元"College life in the internet age"（互联网时代的大学生活）的教学内容是围绕着计算机技术的发展对大学生活所带来的便利所展开的。其教育目标有三个：知识目标——了解计算机的产生、发展与对学生生活学习所带来的影响；能力目标——学会从不同的角度分析当前中西方计算机技术领域发生的时事问题；情感目标——激发学生的爱国热情和培养学生的社会责任感。在教学内容设计时，让学生通过互联网资源查找计算机技术的发展历史，了解该技术对国家发展所带来的促进作用，引导学生将获得的信息与本学科知识发展相结合，让学生认识到各学科领域的发展对国家发展带来的益处。在第一单元"Toward a brighter future for all"（奔向更加光明的未来）的教学过程中，适时引入学生为什么上大学的问题讨论，引导学生通过专业知识学习和研究把自身理想实现与国家发展相结合，激发学生的爱国热情；把自我提升转化为为国奉献的学习行动，让学生了解个人知识能力的提升对国家和社会的重要性，培养学生的社会责任感。

（二）精选思政元素融入点，激发学生奋斗精神

实现中华民族伟大复兴需要每一个中国人努力进取，不断奋斗。特别是在国家发展中起到重要作用的大学生，更应该担负起时代责任，励志前行。这不仅要在思政课程中对学生进行思想教育，更应该结合教材实际内容，精选思政元素，将之合理地融入大学英语教学中。这样不仅可以使学生在潜移默化中提升思想认知，也可以让学生提高对知识的解读能力。因此，在大学英语课程教学中精选思政元素融入点，增强学生不断奋斗的动力，则成为大学英语课程思政的路径之一。

例如，第四单元"Heroes among us"（我们身边的英雄）的课文内容讲述的平凡人的英雄事迹。该单元的内容知识正适合课程思政融入大学英语教学。通过本单元的课程内容并结合近年来我国涌现的众多的军人、医务工作者、警察、教师等各行各业的榜样人物，用这些英雄人物的成长历程激励与引导学生奋发图强，自强不息。如在课堂教学中讲述首届国家最高科学技术奖得主、世界杂交水稻之父、"共和国勋章"获得者袁隆平先生为了培育高产水稻数十年如一日地行走在田间地头进行稻种的培育与研究工作，更是在90岁高龄时仍关注水稻研究与生产和为国家培养优秀的科研人才。正是诸多像袁老这样的英雄人物，给普通民众做出了榜样的力量，才让我们国家得以飞快地发展。应鼓励学生向这些英雄人物学习，为祖国的建设和发展奋斗终生。

（三）教学活动设计围绕弘扬优秀传统文化进行

除了在教学内容设计与教学的思政元素选择方面，"三全育人"理论下的大学英语课程思政路径渗透还包括在教学活动方面要围绕弘扬优秀传统文化进行设计。将优秀的传统文化内容融入活动中去，将社会需求和学生学习与深厚的文化底蕴进行有机结合。教学活动包括了校内课上和课后教学活动，与社会活动三个方面。在大学英语课程教学的教学活动设计主要是针对课上和课后活动展开，以及引导和鼓励学生积极参与指定的主体性非课程性教学活动。

例如在第八单元"The art of parenting"中，制定课上教学活动，让学生通过对"Reflections of a Chinese mother in the West"（一位西方华裔母亲的思考）和"A Western mother's response"（一位西方母亲的回应）进行比较性阅读，找出中西方家庭教育的差异，并以此开展对中国传统家庭教育理念和"孝"文化传承的讨论，展现中华文化传承之美。在课后活动的制定中，要求学生以英语为工具，通过英语演讲的形式讲述中国传统文化中家庭教育和"孝"文化的典范故事，如"孟母三迁""百里负米"等。在用英语讲述中国传统家庭故事的同时，提升了学生的文化认同感和民族自豪感。同样在第五单元"Why culture counts"的"Speaking Chinese in America"（在美国说中文）的课上教学活动的设计中，让学生通过收集到的汉语和中国传统文化输出与传播的相关文化材料，用英语讲述中国文化在国外由被人所误解，转变为西方人所乐于接受，并主动学习中国传统文化，如学习剪纸、武术等。不被西方国家人接受并主动将汉语设置为第二外语进行大规模的学习。这些课上和课下的教学活动设计，都有利于学生在大学英语学习的过程中，提高对民族文化和民族语言的荣誉感，增强爱国热情。

非课程性教学活动主要是引导学生积极参加以中西文化对比和文化传播为主题的校内及社会活动，如英语口语比赛、文化节志愿者服务等。一方面能够提高学生的英语知识应用能力；另一方面能够以实践的方式，让学生亲身感悟到中华传统文化的魅力所在。

在"三全育人"教育理念下开展大学英语课程的课程思政融入研究，是将教学内容设计、教学活动设计和课堂教学过程设计三则都围绕着思政教育的开展而进行的教育行为，同时也是学生在课本知识学习和社会活动参与过程中获得思想提升的过程。以"三全育人"教育理念指导大学英语课程思政教学，也为大学英语课程教学改革提供了理论支撑和思想指导。将思政教育与大学英语知识教学相融合，使学习者的思想和知识能力共同提升，该过程也为高校其他公共基础课程的课程思政建设提供了参考。

第五章 大学英语课程育人创新研究

第一节 文化自信视角下大学英语育人功能

文化自信事关国运、文化安全和民族精神独立性，是实现中华民族伟大复兴的需要。培养大学生文化自信是高校落实"立德树人"育人目标的重要内容。大学英语是高校覆盖面最广的公共课之一，是大学"课程思政"建设的重要部分，对培养学生的文化批判精神，提升学生跨文化交际能力和树立学生文化自信都有着不可替代的作用。

一、文化自信的内涵

文化自信是文化主体对自身文化价值的充分肯定和践行，对自身文化生命力持有的坚定信念。党的十八大以来，总书记发表了一系列关于文化自信的讲话，他强调"增强文化自觉和文化自信，是坚定道路自信、理论自信、制度自信的题中应有之义"。高度的文化自信是中华民族伟大复兴的基础。

中华文化源远流长，文化自信在于加深对中华优秀传统文化的认识，在于对上下五千年优秀文明的传承、发扬，优秀传统文化是人们认识和改造世界的有益启迪，它昭示着中华民族光辉灿烂的历史，构成中华民族的文化基因和精神标识，它是文化自信之根。同时，文化自信在于对革命文化的高度认同，革命文化诞生于水火交融的岁月，井冈山精神、西柏坡精神、长征精神、延安精神等都展现了中国人民不畏牺牲、艰苦奋斗、坚韧不拔的精神气概，革命文化以红色精神为灵魂，是鼓舞和激励人们不断攻坚克难，走向胜利的强大精神动力。此外，文化自信也在于对中国特色社会主义思想体系的理解和践行，中国特色社会主义思想体系是结合中国实际对马克思主义的丰富和发展，是中国特色社会主义道路的理论指南，身为中国公民，每个人都有学习、领悟、支持中国特色社会主义理论体系的权利和义务。中国文化要走向自信，不仅不能忘本，更要面向未来，面对时代提出的新课题、新考验，从而不断创新、完善、提升、充实以激活其生命力。

坚定文化自信的意义重大。文化是民族生存和发展的重要力量，具有构成民族心理、形成民族性格、塑造民族精神的作用。中华民族在几千年历史发展中曾经遭到过挫折和困苦，但世代中华儿女形成的文化心理上的认同感和归属感，为国家的繁荣生息提供了强大精神支撑。今天，国际上思想文化交流日趋频繁，文化软实力的竞争是国际竞争的重要部分，只有坚定文化自信，坚定对中国特色社会主义的自信，才能有效应对意识形态领域激烈斗争，抵制腐朽、不良文化的侵蚀，才能在对外交流中掌握话语权、主动权。另外，文化也有凝聚民心、增进民生福祉的作用。改革开放40多年，我国社会主义建设取得了举世瞩目的成就，人民生活质量逐渐提升，社会越来越和谐。大家在追求更高的物质生活水平的同时，对精神生活的要求也越来越高。坚定文化自信，丰富人民群众的精神文化生活，有利于提升社会精神文明发展水平，实现人们对美好生活的向往的需求。

二、文化自信与大学英语教学

大学的任务是培养人才，培养合格的社会主义"四有"新人，新时代高校不断深入"课程思政"教学改革，不断探索全员、全过程、全方位育人的"三全育人"实施方案。大学英语作为大部分非英语专业学生必修的公共课程理应成为"三全育人"的重要阵地。英语作为全世界重要的语言交流工具，有助于学生了解世界优秀文明和优秀文化，同时有助于我们中华优秀传统文化的传播，提升国家的文化软实力。

在全球一体化时代，特别是在"一带一路"背景之下，大学英语对促进大学生知识、能力和综合素质的全面发展具有重要意义，大学英语教学的发展正面临前所未有的机遇。与此同时，语言作为文化的载体和重要表现形式，如何让学生正确看待本土文化与西方文化的关系，如何避免过分崇尚西方文化，如何在教学中有机地融入中国文化教学，做到润物细无声，充分挖掘大学英语教学的文化育人功能，是值得大家深入探讨的课题。近几年来，蒋洪新、孙有中、文秋芳等学者都纷纷提出外语教学应加强文化自信，奋力构建中国特色的外语教学理论框架，国内外语教学领域关于文化自信的研究逐年增多，成果日益丰硕。

三、文化自信视角下大学英语教学的育人功能

（一）大学英语是提升学生跨文化交际能力的主渠道

大学英语课程的重要任务之一是进行跨文化教育。跨文化交际指的是本民族母语使用者与非本民族语言使用者之间的交往，也泛指所有差异化语言文化背景的人们之间的交往交际。目前，全球经济一体化进程不断加速，国与国之间政治、经济、文化的交融日趋紧密，对英语学习者来说，跨文化交际能力的提高是达到有效交流的前提保障。

大学英语作为大学生接触西方文化的主要窗口，是提升学生跨文化交际能力的主要渠道。但在大学英语实践教学中，多数教师都会把语言技能的培养放在首位，注重学生对词汇、语法结构的学习掌握，仅仅帮助学生提高应试水平以面对高校的各类过级考试；而对大部分学生而言，枯燥无味的语言学习难以让其提起兴趣，一旦修满学分便将英语学习抛之脑后，殊不知大学英语课程具有承担时代使命和促进长远发展的重要意义。面对这一现

象,大学英语课程应充分利用好语言这个载体,在教学过程中注重英语的人文性功能,重视学生跨文化交际能力的培养,不仅要带领学生了解认识目的语言文化,也要让学生讲好中国故事,传承和发扬好中国文化。

(二)大学英语是培养学生文化批判精神不可或缺的载体

文化批判精神是指对于特定的文化和价值观,要在结合我国国情的基础上,客观地进行分析、解剖,发现其问题,取其精华去其糟粕。在全球一体化时代,无论是在英语课堂上还是在日常生活中,学生们都潜移默化地接触到各类文化的碰撞和对比,因此,大学英语课程应引导学生树立文化批判精神,正确看待中西方文化的关系。比如,西方文化的价值取向偏"个人主义",把个人利益摆在最优先的位置,以自我为中心,容易滋生贪婪、堕落的不良作风;而中国文化偏"集体主义",把集体利益放在至高无上的位置,讲奉献而不求回报。对于三观尚未成熟的大学生而言,一旦缺乏正确的引导,便容易产生崇洋媚外的思想,无形中受到不良影响。

同时,文化批判精神也在于对自身文化的理性反思和审视。中华传统文化源远流长,内容极其丰富,其中多数是优秀的历史积淀,但不可否认也存在某些消极的不良成分。引导学生树立文化批判精神,不仅是要对自身相异文化的批判吸收,对我国传统文化也要辩证地扬弃,以充分发挥优秀传统文化的积极作用。大学英语是培养大学生语言交流和文化沟通能力的课程,其教学内容涵盖丰富的西方文化和我国传统文化素材,教学过程会运用大量的中西文化对比案例,作为高校教学覆盖面最广的课程之一,对学生文化批判精神的培养具有不可替代的作用。另外,高校英语教师是大学英语教学的主导者,其自身的中外文化知识储备量、母语文化素养及其辩证批判能力对学生文化批判精神的培养也起着非常重要的重要。

(三)大学英语是树立学生文化自信的重要阵地

"其他各门课都要守好一段渠、种好责任田,使各类课程与思想政治理论课同向同行,形成协同效应。"大学英语教学在高校课程中受众人数多,覆盖面广,是目前大学生必修课程之一,又是外语能力培养的课程,这些特点使大学英语成为"课程思政"建设的重点和难点。"课程思政"建设的育人目标是立德树人,而文化自信正是立德树人的重要内容,因此,大学英语必然是树立学生文化自信的重要课堂阵地,但由于其学科的特殊性,我们需要认真思考和挖掘其课程背后的人性考量、价值关怀和战略定位。大学英语培养学生的外语交流、沟通能力,而语言沟通内涵文化背景、文化修为,英语是语言交流的工具,但其使用者是具有人文属性的人,一定的母语素养和文化自觉是语言交流的基础,是沟通过程中民族自信、民族特点的体现,故而,在大学英语教学中培养学生文化自信是人才成长发展的要求。

大学英语培养学生文化自信首先是要更新教材内容,教材内容是学生获取知识的重要源泉。比如,精选一些世界著名汉学家的英译文章,增加一些中英对比的文章案例,补充一些凸显中华优秀传统文化的内容，以此来丰富英语教材素材。其次是提高大学英语教师的文化素养，使其充实中外文化知识，在教学中主动渗透优秀的中华文化精髓，发挥教师主动性、引导性。最后就是要创新大学英语教学的方式，灵活运用新媒体和课外实践活动，用学生喜闻乐见的形式结合大学英语渲染中华文化的魅力，从而实现其育人功能。

（四）大学英语是培养学生正确价值观念的主要课程

青年大学生是未来社会的希望，是实现中华民族伟大复兴的骨干力量。大学生处于人生成长关键时期，可塑性强，乐于接受新事物，但世界观、人生观、价值观都尚未成熟，科学的教育引导对其正确价值观念的形成非常重要。他们涉世未深，思想单纯，缺乏一定的思辨分析能力，在面对西方外来文化的渗透上容易受到资本主义的享乐主义、拜金主义、个人主义等消极思想的影响。尤其是学生在英语学习过程中在接受英语知识的同时可能对教材中内含的西方文化价值，以及对于欧美电影、电视剧，网络媒体所传递的西方价值观念一并接受。多数大学生缺乏足够的理性认知和鉴别能力，对西方资本主义国家的认识比较表面、肤浅，因此，需要及时给予科学的教育引导，帮助他们树立坚定的社会主义理想信念。

大学英语是传授英语知识的课程，是学生直接接触西方文化的窗口，在英语学习中必然会直面中外文化的碰撞，相较于其他课程而言，大学英语的文化育人功能更应被突出和重视。高校的核心是培养人才，各门课程都承担着重要的育人功能，大学英语作为大学生的必修主课程之一，应充分发挥其文化育人功能，在使学生获得英语知识和语言技能的同时，努力引导学生树立正确的社会主义价值观念。

第二节 产出导向法在大学英语写作中的育人教育

本节基于产出导向法的理论架构及教学理念，结合大学英语写作课程内容主题，在大学英语写作教学中把课程内容和育人教育有机融合，通过确立切实可行的多维度目标、细化教学过程的逐级升华、多角度综合评价体系来形成科学的课程架构与设计，让学生在语言习得的同时进行人格教育，助力学生综合能力的养成。

一、理论架构及教学理念

产出导向法是由我国语言学家文秋芳提出的教学理论，对任务型教学进行了理论上的升华，以"产出"为目标指导教学环节及设计内容。产出导向法指出教学理念应包括"学习中心说""学用一体说""全人教育说"；教学过程涵盖"输出驱动""输入促成"和"选择性学习"；教学环节由"驱动""促成"和"评价"三个阶段构成，在整个流程中教师要恰当地发挥如同"脚手架"的中介作用。教学理念是其他两个部分的基石，教学假设是教学流程的理论支撑，教学流程是教学理念和教学假设的实现方式。教师首先通过线上课程为学生搭好脚手架，提供语言、知识、价值观、情感等各方面的输入。然后引导学生进行选择性学习，从内容、语言形式和用语言表达内容的话语结构三个方面对输入材料进行梳理，才能形成良好的英语写作能力培养，听说读写各个部分都是相辅相成、有机连接的，绝非孤立自主的。在此过程中教师应该有意识地逐步降低自己的脚手架作用，同时逐步提高学生的学习责任感。在综合评价阶段教师对学生在进行选择性学习和产出任务练习的过程中的学习效果给予评价。首先师生共同学习评价标准，然后在线下（课前课后）及课中共同对学生提交的产出成果进行评价，最后布置学生依据评价标准在课下进行同伴互评、师生互评和自我评价。

写作教学贯穿于大学英语课程的始终，传统教学模式侧重以教师为中心的写作技巧讲授，而以产出导向法为指导理念的教学则扭转教师角色为中介性质，把课堂主动权交给学习主体的授课者，以"导入输出"为起点，把"促成假设"作为主体环节，最终形成"产出及评价"，此理论架构可在大学英语写作教学中润物无声地融入育人教育元素。

二、育人教育视域下的大学英语写作教学目标

（一）课程人才培养定位

大学英语写作是高校通识必修课之一。以吉林工商学院为例，目标学生是非英语专业的本科生，其入校成绩达到二本分数线，具备非英语专业三级水平。学习态度饱满，热情较高，乐于发挥主观能动性去探索未知，渴望提高英语写作能力，但对词汇、句法、语法等未形成系统性认识，缺乏国际视野和跨文化沟通能力，缺乏高效、系统化的英语学习方法，缺乏分析问题和解决问题的能力。教学大纲要求其形成良好的英语沟通与应用能力，养成知识体系、交际能力和情感协同发展的综合培养目标。旨在培养学生的综合素质，把"育人"和"育德"与语言教育相结合，注重传道授业解惑、育人育才的有机统一，培养能够服务区域经济及社会、国家建设的合格的具备一定英语写作能力的应用型人才。

（二）育人教育融合下的课程总体目标

大学英语写作是吉林工商学院非英语专业本科生基础必修课，课程总课时36课时（一学期），每单元6课程，共讲授教材6个单元的内容。总体目标是学生通过该课程的学习，形成目的明确、高效而自律的良好学习习惯，坚定文化自信，实现语言能力、人文素养、综合素养的提升。学生在认识世界、了解社会、发现自我的过程中，能够树立正确的世界观、人生观、价值观，增加文化理解力、思辨能力，提高跨文化交际能力，实现语言维、交际维和文化维的统一，形成具备一定英语语言应用能力的德智协同发展的满足社会职业需求的复合型应用型人才。

语言目标。提高学生的基本语言技能和英语写作技能。系统掌握英语基础语言知识，包括词汇、搭配、语法、篇章、修辞、写作等，利用U校园、ITest、IWrite、外研随身听

等教辅软件，实现线上—线下、课前—课中—课后混合式学习模式，以全面提高学生对基础语言知识的掌握。基础阶段重点培养学生在英语写作方面综合能力的提升。（1）通过本课程的系统学习，扩大词汇量，提升阅读理解能力，能够读懂四级水平的阅读篇章。（2）通过单元写作和翻译技巧的讲授，能够写出300字左右结构完整、论述清晰、观点鲜明且语言错误较少的文章与实现四级翻译难度的篇章翻译。能够达到《中国英语能力等级量表》（CSE）四级写作和翻译水平，在价值观书面表达方面，具备一定程度的语言能力。

能力目标。在英语写作训练中，提高学生的跨文化交际能力、信息加工与选择的能力、判断和思辨的能力、分析问题与解决问题和科学思维的能力。提升科学人文素养，引导学生树立正确的思想价值观，使学生具备自我督促、自我成长奋进的能力，具有积极主动的跨文化交际意识与沟通会话的能力，理性地认识到中西文化和思维法的差异性，具备以多元化视角认知事物的能力。

育人目标。在产出导入法的架构下，通过有效的教学设计和内容使学生了解跨文化沟通的基本礼仪和规范，正确看待中外文化的基本内容，形成正确的国家观、民族观、历史观、文化观。具备跨文化交际的意识，具备文化平等、求同存异、差异共存、尊重包容的意识；具备正确认识自我，和谐自治并能考虑他人感受、合理奉献的能力；具备把握正确健康的人生观、价值观和世界观、立志高远、兼容并蓄的能力，促进人格养成。具备一定的国际传播能力，能够讲好中国故事、传播好中国声音；具备能够让异质文化更好地理解并接受中国的表达方式和文化的能力。具有家国情怀和民族自豪感。

寓德于课、寓德于教，通过课程内容的精心设计，找到"语言习得"到"立德育人"的恰当切入点，深入挖掘外语课程中的文化内涵与价值理念，实现对授课内容逻辑自然地过渡与升华，使得本课程的教育真正触及学生默会知识的深处，成为他们认知和实践的隐性根源，将教学与学生的人生际遇和心灵感受相结合，从而对之产生积极的影响。把政治认同、国家意识、文化自信、人格养成等教育导向与本课程固有的知识、技能传授有机融合，实现显性与隐性教育的有机结合，促进学生的自由全面发展，充分发挥教育教书育人的作用。"育人"以"育德"为基石，注重传道授业解惑、育人育才的有机统一。

三、产出导向法框架下英语写作与育人教育的有机融合

（一）课下输出驱动与课中输入促成

以英语写作单元 social behavior, comparison and contrast 为例，课前即输出驱动的环节为：通过U校园布置多样的课前任务；让学生完成UMOOCs上指定的相关章节的在线学习任务；课中即输入促成环节：让学生做课文变形的完形填空题；开展针对询问最喜欢的休闲项目的对话练习；课后即评价环节：完成"介绍一个你印象最深刻的中国原创的选秀节目"作文，比较中国和英国酒吧文化的异同点。课前（输出驱动）：通过U校园发布听力音频测试，是关于一位社会名人的事迹介绍，让学生猜出人物并作答听力配套选择题。

课中（输入促成）：对社会名人应具备的品格 top5 进行投票及小组讨论，小组代表口述汇报。课后（评价）：通过 IWrite 平台发布"榜样的力量"为题的作文作业，运用所学的说明文写作技巧来描述一位社会名人。

（二）语言习得与立德育人的融合点

通过英语写作精读课文 TV Talent Shows—the Good and the Bad? 的学习，对内容的深入挖掘，分析选秀节目的优缺点，有些是弘扬正能量的，而有些则是哗众取宠的作秀。教学内容的育人视域：真正的"秀"是高尚的情操和非凡的品质，以及贡献和专注等美德，绝非外在颜值统领价值判断，从而引领学生树立正确的审美观和价值评判标准。通过泛读课文 British Pub Culture 的学习和课后练习作业的讲解、讨论与评价等系列活动，让学生理解中西方文化差异，陶冶其兼容并蓄、包容有驰的情操，提升其用国际视角多元地看待事物的能力。第一篇写作导入语料课文 You're Got to Find What You Love 是苹果公司前 CEO 史蒂夫乔布斯的著名演讲，通过对文章语言点和篇章层面学习，深入理解文章主旨句 Stay Hungry.Stay Foolish.（求知若饥，虚心若愚）的含义。并结合线下和课上的学习活动，引领学生养成对知识的科学态度、对学习的正确认识和对真理的无限渴望。纠正学生"为应试而学知识"的认知误区，从而形成"格物穷理、求知若渴"的知识获取观念。按照良好的人格养成路线成长。泛读课文 Jack Ma's "Crazy" Management Style 的学习及配套活动旨在教育学生了解、欣赏名人优良品质，以榜样的力量为召唤，从而内化为不断奋进的品行目标。通过多模式的写作训练引导学生从名人品格、榜样力量、正确的求知观和人格养成等立德育人的方面进行思考和学习输出。

四、教学评价

教学评价采用多维度的形成性教学评价和总结性教学评价相结合的方式，采用多元和梯度评价标准，既包括学生在"学用"过程中的即时评价，也包括对学生产出的延时评价。在评价主体上将个人自评、组间互评和教师终评相结合，同时利用学习通 APP（U校园、云班课、Iwrite）中的课程积分、测试、作业、投票、头脑风暴、课堂讨论等功能实现量化评价，激发学生参与度与学习热情，全面、客观、有效地评价学生的学习过程和成效。评价的理念主要是"以评促学"，方式主要采用机器评价、教师评价、自我评价、同伴评价、师生互评相结合的多元评价方式，机器评价和课堂内的教师评价是即时评价，同伴评价和师生互评主要针对的是课后作业，自我评价针对阶段性学习反思。从而形成全面、公平、客观、有效又具备个性化的课程评价体系。评价中语言与育人的融合：个人自测部分在自测量表中设计语言点能力点的项目，同时也加入对应的品德和观念上的项目，自测量表中除了 "I can get the right answer for the listening tasks" "I can grasp the general idea of reading materials" "I can comprehend the meaning and usage of new words" "I can adopt comparison and contrast writing skills" 等针对语言习得的项目，还加入了 "I can get the empathy ability""I can understand and respect the cultural difference""I can have the confidence in Chinese cultural and value outlook"等针对本单元 social behavior 育人教育的自测项目,评价学生在兼容并蓄、包容尊重和文化自信方面的成长。

第三节 依托学习任务的"大学英语"课程思政

课程思政是高校思想政治工作的重要载体,是落实立德树人根本任务的有效途径。"大学英语"课程思政教学存在语言文化相互交织的课程特征、教学材料缺乏思想政治教育元素设计及教师对课程思政认识不足等问题。本节着重探索如何结合"大学英语"教学材料,利用拓展性自主学习任务这一教学环节,对学生进行理想信念层面的精神指引和价值引导,增强其文化自信。发挥"大学英语"课程的育人功能,实现课程思政的教育目标。

一、"大学英语"与课程思政

高校的根本任务是立德树人,是培养社会主义建设者和接班人。围绕"课程思政"的教学改革是新时代高校教师所面临的职责和任务。

所谓"课程思政"即课程德育,指的是学校所有教学科目和教育活动,以课程为载体,以立德树人为根本,充分挖掘蕴含在专业知识中的德育元素,实现通识课、专业课与德育的有机融合,将德育渗透、贯穿教育和教学的全过程,助力学生的全面发展。课程思政不同于思想政治理论课程,它是"将高校思想政治教育融入课程教学和改革的各环节、各方面,以实现立德树人的目标",是利用课堂教学这个主渠道,在润物细无声的知识学习中融入理想信念层面的精神指引和价值引导,发挥思想政治教育作用,实现育人功能,完成教书育人的目标任务。

作为高校重要的通识教育必修课,"大学英语"课时多,教学周期长。除了基础阶段的教学,还有后续提高阶段的选修课,是高校学分最多的课程之一。"大学英语"课程受众面广,教学覆盖全国高校的绝大部分学生,加之实施了 30 余年的大学英语过级考试所产生的社会影响,使"大学英语"成为备受社会关注的课程。因此,"大学英语"被认为是源远流长的渠和责任重大的田,守好"大学英语"课程这段渠、种好这片田,对高校培养具有国际视野、熟悉国际语言、具有共产主义信念、德智体美劳全面发展的社会主义建设者和接班人,有着普遍意义和实践价值。为了实现全程育人和全方位育人的目标,教师要利用"大学英语"课堂进行课程思政教学改革,使"大学英语"课程与思想政治教育同向同行,形成协同效应。当然,不同的课程在其育人功能上的价值指向、发挥力度、作用方式、实施途径等方面是不一样的。所以,如何将语言知识的传授、语言技能的培养与思想政治教育相结合,充分发挥该课程的育人功能,实现课程思政的目标,这是大学英语教师面临的新课题、新挑战。

二、"大学英语"课程思政教学改革的挑战

语言是文化的载体，语言教学必定和语言所承载的文化相互交织。"大学英语"由于课程特征和教学材料选取多偏向英语国家的语言文化知识，要将思想政治教育融入课堂以实现课程思政的目标面临的困难较多，也更具有挑战性，其主要体现在课程要求、教师观念和教学材料等方面。

（一）课程要求的表述

"大学英语"课程教学要求对思想政治教育没有明确和具体的表述。根据教育部高等教育司 2007 年印发的《大学英语课程教学要求》，"大学英语"是"以英语语言知识与应用技能、跨文化交际和学习策略为主要内容""教学目标是培养学生的英语综合应用能力，特别是听说能力，使他们在今后学习、工作和社会交往中能用英语有效地进行交际，同时增强其自主学习能力，提高综合文化素养，以适应我国社会发展和国际交流的需要"。此后的十几年，"大学英语"教师教学的指导原则和目标主要是提高学生英语应用能力和交际能力，普遍缺乏对学生进行思想政治层面教育引导的意识和行动。对学生跨文化交际的能力培养呈现英语文化单向输入的趋势，而相对缺乏对用英语讲好中国故事、传播中国声音的能力培养。

（二）教师观念更新的滞后

"大学英语"教师普遍认为学生的思想政治教育有"两课"的老师在做，不习惯将学生的思想政治教育纳入自己的教学职责范围。在很大一部分"大学英语"教师的观念中，英语教学涉及西方语言文化知识的学习和英语语言应用能力的培养，对学生的学习要求大，学习任务重，要做到在教学中融入思想政治教育有些教师会感到力不从心。确实，教学改革最大的阻力往往不是来自学生，而是来自教师。面对教学改革的要求，教师普遍存在畏难情绪。要进行"大学英语"课程思政教学改革，教师尤其犯难，表示不知所措。他们认为，将思想政治教育融入英语教学是难以想象和无法操作的事情，对思想政治教育"顾不上、管不了"。造成"大学英语"教师认识偏差的主要原因是，教师观念更新滞后，对"课程思政"的认识不足，没有认识到要让通识教育成为培育和践行社会主义核心价值观的重要课堂，对在潜移默化中加强对学生的理想信念教育的认识不够。

（三）教学材料思政元素的缺乏

"大学英语"进行课程思政教学改革最具挑战的是，教学所使用的课本和教学材料几乎没有涉及思想政治教育的元素和内容设计。以新世纪大学英语系列教材为例，这是十二五普通高等教育本科国家级规划教材，也是全国高校使用最多的优秀教材之一。教材的选材经典鲜活，语言地道，大部分内容直接引用英语国家作者的原文，保持了语言的原

汁原味。在综合教程第二册，全册八个单元有七个单元的主课文选自美国作者，一个单元为其他。课文内容基本涵盖的是美国人物和美国事件，体现的是美国观点。教材充分体现了"语言是文化的载体"这一特征，但缺乏对学生进行思想政治教育的设计元素。

面对"大学英语"课程及教学材料的特点，要利用大学英语这个课程平台，使大学英语课与思想政治理论课同向同行，形成协同效应，这无疑对教师提出了更高要求。有学者的实践研究发现，将思想政治教育融入"大学英语"课程教学，常常会出现为了渗入思想政治教育而生搬硬套、教学内容不连贯的状况，实际内容和思想政治理论完全没有必然联系，或联系牵强，没有达到预期的效果。若操作不当，还可能影响学生对英语学习的兴趣，造成得不偿失的结果。可见，如何在"大学英语"课程中实践课程思政，显得尤为重要。

三、基于学习任务的"大学英语"课程思政实践

决定教学改革是否成功的因素很多，是否决心实施教学改革，如何开展教学改革，关键在教师。面对课程思政教学改革的要求，大学英语教师必须迎接挑战。要转变观念、改变思维，将课程思政理念根植于教学理念中，认真思考研究，结合课程特点，积极探索"大学英语"课程思政的有效教学方法。只要有心，总能找到切入点；只要用心设计，就能将思想政治教育很好地融入英语学习任务中。在英语语言文化教学的过程中，教师要注重培养学生的跨文化思辨的能力和跨文化批判思维，通过本国文化的输入和对学生进行理想信念层面的精神指引和价值引导，以不断增强学生的文化自信。

将思想政治教育融入"大学英语"教学，其内容和方法必须契合英语课程的特点，才能将思想政治教育化有形为无形，实现实际的"融入"。本节通过学习任务拓展这一教学环节进行了课程思政的有益探索。拓展性学习任务设计的目的，是通过完成学习任务巩固单元所学内容，使学生的英语综合应用能力特别是阅读、写作和口语表达能力得到实践和提高，同时培养学生的跨文化沟通意识，增强其跨文化思辨能力和批判性思维。学习任务设计的内容是基于单元课文的主题和话题，引入与中国文化相关的内容，可以是中国文化的某一方面，也可以是具体的中国故事或中国人物，要求学生结合所学课文，进行跨文化对比和思辨。

以下是基于大学英语《综合教程》第二册进行课程思政实践的两个案例。

（一）案例一：乔布斯 vs. 中国企业领袖

1. 教材内容

新世纪大学英语系列教材《综合教程》第二册第四单元的课文 Stay Hungry, Stay Foolish（求知若饥，虚怀若愚），是斯蒂夫·乔布斯（Steve Jobs）于2005年在斯坦福大学毕业典礼上的演讲。演讲中，乔布斯通过讲述自己的三个人生故事，分享了他对人生的感悟。第一个故事是"连点成线"，告诉同学们珍惜学习机会、积累知识的点滴，因为今天看不到关联的课程学习，有可能是明天创业和发展的灵感来源和基础。苹果电脑美丽的字

体设计，其灵感就是来源于乔布斯本人在大学校园里出于兴趣所听的一门书法课。第二个故事是关于"爱与失去"的感悟：坚持所爱并持之以恒，不忘初心，方能始终。乔布斯曾经被自己所创立的苹果公司开除，遭遇了人生的低谷。但他坚持所爱，离开了苹果公司也没有停止研发，并先后创立了 Pixar 和 NEXT 两个公司，后来荣耀地回归苹果公司，将苹果产品推向新高。第三个故事分享的是他如何坦然面对人生中的不幸：疾病。他以坦荡和达观的胸襟表达了他如何面对自己的疾病和不幸，即要把每一天当作是人生的最后一天来过，求知若饥，只争朝夕。

2. 学习任务的完成

本单元的拓展性学习任务，是要求学生去查询、收集并展示他们所熟知和敬仰的中国企业家和企业领袖。学生以小组为单位完成任务，学生分别搜索查询资料，经小组汇总、讨论并进行展示。学生积极响应，学习投入，学习展示精彩纷呈。学生学习展示最多的是马云、任正非、董明珠等。学生分享了他们艰苦创业取得成功的故事，特别是当他们遇到再大困难和挫折也不放弃的精神。有学生将他们的故事和乔布斯曾经经历的失败进行对比。同学们一致认为这些人的人生故事和创业经历比乔布斯的故事更加亲切，也更加精彩、更加励志。

（二）案例二：海伦·凯勒 vs. 中国身残志坚的榜样人物

1. 教材内容

同是《综合教程》第二册，第五单元的课文是 Three Days to See（假如给我三天光明）。这是学生从中学甚至小学就开始接触到的美国女作家海伦·凯勒（Helen Keller）的自传体小说的节选内容。

2. 学习任务的完成

为本单元设计的拓展性学习任务，是要求学生查找并展示中国残疾人创业、身残志坚的励志故事。学生分享了许多他们看到的、发生在他们身边的感人故事。如有的学生分享了汶川地震后出现的感人故事；有的学生分享了与他们不属于同一个时代的张海迪的人生故事和事迹，展示了张海迪如何克服困难学会了多门外语，并完成多部作品翻译的事迹；还有同学分享了来自电视节目"感动中国"的人物故事等。

（三）对教学设计的反思

两个单元的课文，一篇是美国企业名人对美国高校毕业生的励志演说，一篇是美国残疾作家身残志坚的感人故事。教学实践显示，只要教师有课程思政的观念，用心设计，完全可以从教材中找到进行课程思政的切入点，并加以引导。从而使学生在完成拓展性学习任务的过程中不知不觉就增强了文化自信和民族自豪感，无形中受到了理想信念方面的教育。

如果我们在教学中时刻以教书育人为己任，在耕耘"大学英语"教学这块责任田时，心里始终有课程思政这根弦，不用去穿插思想政治理论的宣讲，而是因势利导，善用巧用拓展性学习任务这一教学环节，学生文化自信、理想信念的增强，就会水到渠成。当课程思政教育成为新时代"大学英语"教师教学的日常，新的行动、新的行为才会在坚持不懈中慢慢变成习惯。

完成自主学习任务的过程本身也是学生英语综合应用能力的实战和训练。学习任务需要学生搜索查阅资料，学生会遇到中文、英文的文字和音频视频资料，学生需要对资料进行甄别、梳理和表达，使用英语展示汇报。教师则因势利导，帮助学生熟悉和掌握相关表达，有意识地培养学生传播中国文化、讲好中国故事的能力。每一次任务的完成，学生的英语综合应用能力特别是口语表达能力会得到锻炼，也促进了学生表达中国文化、讲述中国故事的信心和能力的提升。学生的语言应用能力和思想修为得到同步提高。

总之，"大学英语"是高校进行思想政治教育不可或缺的课程。如果"大学英语"教师以教学要求没有安排、教学材料没有内容设计为由而不去对学生进行价值引导和思想道德教育，那么我们将会失去利用"大学英语"课堂对学生进行课程思政这一平台，就可能与立德树人的目标渐行渐远。教师应充分结合教材内容，通过教学设计融入我国社会发展和现实生活中的话题、人物、事件、文化等，据此将思政教育有机地融入学习任务中。更好地发挥"大学英语"课程的育人功能，实现课程思政的教育目标。

第四节 大学英语听说课程中"课程思政"融入

立德树人是我国高等教育的根本任务和核心目标，教师应该坚持正确的育人导向，积极推进课程思政建设。本节以中外合作办学项目学生的大学英语听说课课程思政为例，详细介绍了在课程中引入课程思政的理念及其教学实践，从设计原则、设计内容、实施过程、教学效果等方面进行了详细阐释。课程实践表明，课程思政建设在保证学生知识学习效果的同时，能够很好地促进学生的德育教育，深化和拓展教书育人。

培养什么人、怎样培养人及为谁培养人是人才培养的根本问题，我国高等教育肩负着培养德智体美劳全面发展的社会主义事业建设者和接班人的重大任务，人才培养必须坚持正确政治方向，坚持社会主义办学的方向。长期以来，高校思想政治工作一直是高校育人体系的重要组成部分，各高校所开设的马克思主义理论课程和思想政治课程是大学生德育工作的主要阵地，对学生的意识形态的培养和道德情操的树立起到决定性作用。随着社会的发展与形势的变化，大学生思想政治教育工作的内容与形式也不断地与时俱进。大学生德育教育应该贯穿于大学生培养的全过程，思政课程和课程思政都是其重要组成部分。

课程思政是指以构建全员、全过程、全课程育人格局的形式将各类课程与思想政治理论课同向同行，形成协同效应，把"立德树人"作为教育的根本任务的一种综合教育理念。在课程思政实施过程中，主要形式是将思想政治教育元素，包括思想政治教育的理论知识、价值理念及精神追求等融入各门课程中去，潜移默化地对学生的思想意识、行为举止产生影响，达到立德树人的教育目标。

课程思政本身就意味着教育结构的变化，即实现知识传授、价值塑造和能力培养的多元统一。现实的课程教学中往往由于各种原因而将这三者进行了割裂，课程思政从某种意义上来说正是对这三者重新统一的一种回归。课程思政要求教师在教育中积极探索实质性进行思想引领的实现渠道，将教学与学生当前的人生遭际和心灵困惑相结合，有意识地回应学生在学习、生活、社会交往和实践中所遇到的真实问题和困惑，真正触及他们默会知识的深处，即他们认知和实践的隐性根源，从而对之产生积极的影响。

在实际的大学英语教学过程中，为了保证语言输入的真实性，为学生营造原汁原味的语言环境，原版引进的英语教材备受推崇，而本土化教材在编纂时，也往往选择国外的源语言材料，这样做的结果就是使学生在无形中受到西方价值观的渗透和隐性输入，导致中国文化、价值观的缺失。因此，课程思政在大学英语课程中的全方位体现和有机融入，不仅仅是在形式上实现三全育人的构想，把三位一体育人落实到位，更是以课堂为载体、以老师为引导、以教学资源为媒介，对中国文化的清晰认知和认可，有利于民族自豪感的加深，四个自信的培养，民族身份的坚定。

当今社会面临着媒体渠道多样化、媒体形式多模态的现状，学生可以通过网页、微博、公众号、自媒体 app 等渠道获得应接不暇的文字、图片、语音、视频信息。在多元的价值观以前所未有的激烈程度一同涌现和碰撞的前提下，正处于世界观、人生观和价值观成熟期的大学生更需要积极正向的引领。

在语言教学方面，学者们已经发现学生存在母语文化失声的现象，具体体现为对西方文化更了解，对中国文化相对模糊。中外合作办学项目的出国学生身处国外两年或者一年，此期间他们全面浸润在国外文化和体制中，立体地直面不同价值观体系的冲击，这种影响将会更大。实施课程思政能够将德育教育很好地落实到学生平时的课堂上。

一、大学英语课程思政实施的可实现性

语言是思想和文化的载体，可以传递一种文化的价值体系。语言教学有其人文性和工具性，在提高学生语言水平的同时，"也有助于增强国家语言实力，传播中国文化，提升国家软实力"。

从课程设置来看，大学英语课程具有覆盖广、学制长、学时多的特点。在全国绝大多数高校的培养方案中，英语课程覆盖大一、大二两个年级的所有专业；学时方面，以笔者所在的学院为例，为了满足学生适应全英授课的需要，对学时进行了强化，大一平均周学时 14 个，总学时达 224 学时，大二平均周学时 10 个，总学时达 160 学时，这为课程思政与大学英语课程的有机融合提供了充分的时间保障。

二、大学英语课程思政的实践

在目前已知的研究中，大学英语课程思政已经引起了教师们的重视，并且部分高校已

经进行了点状（课程）和系统性（学校整体）的实践。有的研究从理论框架上给出指导，有的依据现有教材挖掘思政元素。但是如何从具体课程的目标设定、教学内容选择、练习设计、课堂实施、学生反馈的各个环节体现出思政元素却未有涉及，本节笔者以英语视听课程作为课程思政的实施载体，对此进行了有益的尝试。

（一）课程思政设计原则

在进行课程思政的设计过程中，目的性和合规律性是我们首要考虑的原则。目的性指服从和服务于学科的发展和专业的培养目标，合规律性指课程的设计符合学科发展规律和学生发展规律。设计过程中不能为了强调思政内容而牺牲本身的教学目标和规律。为了课程思政而思政，把思政内容生搬硬套，也会造成画虎不成反类犬的后果，容易导致学生的排斥心理。因此，课程中思政元素的融入需满足合目的性和合规律性，这样进行课程思政的建设不仅不会干扰专业课程自身的教学活动和减弱教学效果，相反还会提升教学的思想性、人文性，深化教学的内涵。

笔者在英语视听课程实现课程思政教育的设计过程中，充分考量这两者，力求做到润物无声，实现 1+1>2 的教学效果。

（二）课程思政设计内容

1. 课程知识目标和课程思政目标的有机融合

本节作者以视听课程一周四个学时的教学为一个单元进行课程思政融入的尝试和实践。在具体的实践过程中，课程知识教学目标为：定位词和答案的定位、信息的转换、做推断、个人观点的表达、理论的支撑等。希望通过教学，能够传递给学生的思政内容为：改革开放精神、道路自信、文化自信、民族自豪感、青年担当等。

2. 教学材料的选择和与思政内容的结合与拓展

为了使课程知识与课程思政能够在教学中有机融合、互为支撑，我们选取的教学材料为 BBC 所拍摄的以中国改革开放为主题的纪录片，单集 13 分钟，集中讲述改革开放的某个侧面，共 5 集。这些视听材料从英语教学的角度看不仅保证了语言输入的真实性和权威性，而且语速适中，无冷僻的单词，非常适合低年级大学生学习，而纪录片的内容按照"历史回顾—改革开放—现在的成就—未来的展望"的框架来依次展开，这些内容无疑是能够达成我们所期盼的课程思政的教学目标的。

3. 练习题的设计强化学科知识和思政目标

练习题的设计在满足与课程思政有机融合和与学科知识教学目标一致性的原则下，考虑到练习题型的多样性和难度的多样性，将讲述中国传统文化的题型设计为填空，以此让学生积累与中国文化相关的词汇，为讲好中国故事打基础；涉及前后发展对比的内容设计为图形题，学生需要抓取信息并进行信息的转换——对比可以让学生更生动地体会到改革开放 40 多年来国家的长足发展；涉及中国发展进程中多个阶段的内容设计为简答题，需要学生综合视频多个片段才可以推断出答案，练习的目的是展示制度的优越性；还有开放性问答题，需要学生讲述视频观看过程中最能触动他们的内容，一方面为了鼓励学生进行口语表达，另一方面也是为了检测思政元素融入的效果。

（三）课程思政实施细节

1. 课堂教学采用翻转课堂

为了更好地调动学生学习的积极性，发挥他们学习的主动性和自主性，在知识学习完成的前提下达成更好的课程思政教学效果，笔者采用了翻转课堂的教学模式。首先将学生进行分组，以3~4人小组的方式来进行学习。翻转前，教师统一讲解了什么是翻转课堂和它的优势，其后为了协助学生更好地完成翻转和小组任务，教师不仅提供了导学案和视频材料，更关键的是提供了翻转脚手架，指导学生更好地完成"任务分配—小组内讲解和整合—优化—再整合—小组作品展示—小组互评—教师点评"的各个环节。每一个环节学生均需录制视频和填写表格来保障学习过程的有效性和为形成评价提供翔实的依据。

2. 教学过程及效果

明确翻转课堂的教学模式，接到导学案后，学生开始课前学习，完成小组任务。在此期间学生反复观看视频，多次进行小组讨论，在这个过程中他们不仅仅锻炼了听力要求的各项能力，同时能够沉浸在纪录片内容中，对讲述的历史有了更深刻和更全面的了解。而通过小组内习题的讲解、意见的表达、不同答案间的争论和统一意见的达成，不仅锻炼了学生的思辨能力，而且使得改革开放中体现出来的值得传承下去的革故鼎新的超越精神、敢为人先的创新精神、敢闯敢试的攻坚精神等，潜移默化地在学生的思想中生根发芽，使他们对那段历史有所认知，有所思考。在没有要求的前提下，每个小组都对这短短的13分钟视频所呈现的历史通过网络进行了大量的搜索，以期能更全面更透彻地对历史进行回顾和思考。课堂上，当学生进行组间问题讲解时，笔者很欣喜地发现学生们的回答虽然没有那么全面，但回答中透露出他们认识到作为新时代的青年和祖国未来的建设者，他们的担当应该是怎样的。

为将思政引入课堂，通过课程思政开展大学生的德育教育，笔者将大学英语视听课程与思政紧密结合，做了很好的尝试，取得了良好的成效。由于是初步的尝试，笔者在课程开设的过程中，也发现若干问题：

教学思政意识淡薄和思政能力薄弱。专业课和综合素养课的教师们习惯性地认为思政元素的体现只是思政类课程所需关注的事，和自己无关。思政意识的缺失导致课程思政无从实施。

作为一门外语类课程，英语听说课没有针对思政元素的现有教材，音视频资源更为有限，这就让教师们陷入巧妇难为无米之炊的尴尬境地。为了更好地实现大学英语的课程思政，教师们应深挖现有教学资源的思政内涵，投入精力制作校本音视频资源和教材。

如何设计才能使思政元素以润物细无声的方式融入教学各环节，同时不牺牲学科的科学性和系统性，这个问题需要教师在英语教学中积累一定的经验后才能找到更好的解决方案。

　　这些问题都是今后我们需要继续改进的方向。我们相信，通过不断地建设和努力，大学英语课程思政一定会越做越好，我们也一定能培养出更多又红又专的人才，为祖国的建设提供强有力的人才储备。

第六章 大学英语课程育人实践

第一节 课程思政育人与大学英语混合式教学

高校"课程思政"建设是落实高等教育立德树人根本任务的有效途径。大学英语课程属于高校人文教育的重要组成部分,兼具工具性和人文性,其教材内容为思政教育提供了良好的素材,且大学英语授课方式集中,覆盖面广,可以充分发挥其隐形思政教育功能,使学生在潜移默化中受到政治思想、伦理道德、理想信念等方面的教育。文章论述了高校大学英语课程思政建设的必要性和可行性,分析了新时代高校大学英语教学的特点,并以《新视野大学英语1读写教程(第三版)》中第一单元为例,分享了基于"课程思政"理念下大学英语混合式教学设计。

2020年年初教育部号召全面推进高校课程思政建设,提高高校人才培养质量,把思想政治教育贯穿人才培养体系,发挥好每门课程的育人作用。新时代的大学英语教学要以立德树人为根本任务,将"互联网+"思维引入课堂教学中,发挥其课程优势,将知识传授、价值塑造和能力培养三者融为一体,帮助学生塑造正确的世界观、人生观和价值观。

一、高校大学英语课程思政建设的必要性和可行性

高校是思想政治教育工作的重要阵地。开展广泛而富有成效的思想政治教育工作,有利于提升大学生的思想政治素质和思想道德素质,为我国的社会主义现代化建设和综合国力提升储备优秀人才。"课程思政"是新时代我国高校教育工作的创新理念,它打破了传统教学载体与教学内容的束缚,通过创建全员、全程、全方位形式的育人格局来为思想政治教育提供协同效应渠道,为落实教育立德树人的根本任务做出应有的贡献。

大学英语课程是高校人文教育的重要组成部分,兼具工具性和人文性。作为高校的公共基础必修课,大学英语跨度大、学时学分多、覆盖面广,教学内容涵括了语言学、人文科学和社会科学等多个领域,代表了中西方文化和价值观的矛盾与碰撞,具有十分有利于开展课程思政建设的天然属性。在大学英语课程中实施"课程思政"教育建设有良好的理论基础,可以有效帮助学生树立社会主义核心价值观,为我国的社会主义建设事业培养接班人。大学英语教师可以通过教学目标、教学方法、教学内容和考核方式的改革来对学生

进行系统化的思想政治教育，将培养学生的人文综合素质和英语语言实际应用能力结合起来，培养学生成为能用英语进行交际，具有思辨能力、国际视野、家国情怀和社会责任感的国际化人才，实现学生的全面发展。

二、新时代高校大学英语教学的特点

2020年年初，我国各大高校通过慕课、远程指导等多种形态实现了"全区域、全覆盖、全方位"的在线教学实践。这次在线教学规模之大、范围之广、程度之深，是世界高等教育史上前所未有的创举，在实践中创造了在线教学的新高峰，探索了在线教学的新实践，形成了在线教学的新范式。融合互联网、人工智能等新技术的在线教学已经成为高等教育的重要发展方向，在线教学成为高校教学的"新常态"。新时代的大学英语教学要将在线教学和课堂教学有机地结合起来，借力在线教学进一步推动教学革命。

三、基于课程思政理念的大学英语混合式教学设计

（一）教学模式构建

基于课程思政的大学英语混合式教学模式将课程思政融入课堂教学建设的全过程，落实到教学目标、教学方法、教学内容设计等各方面，贯穿于课堂讲授、学生线上线下自主学习、教学评估等各环节，努力提高大学英语教育教学质量，实现大学英语课程语言目标与育人目标的有机统一。

（二）教学目标

本教学设计以《新视野大学英语1读写教程（第三版）》中第一单元为例。教学目标分为三个层面：语言目标、文化目标和思政目标。

语言目标：以多媒体教育技术及网络技术为辅助，结合蓝鸽在线系统自主学习、U校园平台与教师课堂面授，提升学生的听、说、读、写的语言技能，巩固、提高学生的英语词汇、语法、篇章及语用等知识，拓宽国际视野，提升综合文化素养，培养批判性思维能力和自主学习能力。

文化目标：了解我国经典古籍《劝学》，帮助学生明确学习的重要性，端正学习态度，掌握学习方法，树立正确的学习观。通过汉英段落翻译，了解儒家学说的内容和深远影响。

思政目标：学习十八大以来习近平总书记对广大青年的寄语，分享习近平总书记有关青年学习、成长、人生选择、理想、奋斗的箴言和生活体悟，以及对青年学子志存高远、脚踏实地、勇于担当的殷切希望。带领学生明晰成长为国家所需人才应该具备的能力与素养，使学生明确学习目的，理解父母的期望与嘱托，确立为投身建立强国伟业而奋斗的人生目标。

（三）教学方法

在当今信息时代，思政教育的教学渠道不应局限于传统课堂形式，要利用线下线上多

渠道手段构建新型的思政教学形式。混合式教学将"互联网+"思维引入课堂教学中，以多媒体教育技术及网络技术为辅助，结合网上自主学习平台、U校园平台与教师课堂面授，实现以"学生为中心"的教学模式。

（四）教学内容

《新视野大学英语1读写教程（第三版）》第一单元聚焦"新生入学"相关话题，探讨大学教育的意义、青年学生肩负的责任和父母对孩子的期望与嘱托。Text A是一位大学校长写给入学新生的一篇欢迎词，文中给入学新生建议，教导学生要明确肩负的责任。Text B是一位父亲写给即将进入大学的孩子的一封信，父亲在信中表达了对孩子的期望。本单元的教学将增加我国经典古籍《劝学》双语版、十八大以来习近平总书记对青年的寄语双语版的阅读材料，选取两个著名演讲（奥巴马开学演讲、乔布斯在斯坦福毕业典礼的演讲）等与主题相关的思政素材，以教材提供的视听说材料、补充的音视频和阅读材料为主要教学内容，通过听、说、读、写、译技能训练，让学生理解并掌握词、句、篇，具备构词法知识、句法、篇章分析能力。Text A和Text B分别是一篇演讲词和一封英文书信，通过对课文词法、句法和篇章的分析，让学生理解并领悟演讲词的行文特点和英文书信的行文特点及格式。课堂上以小组为单位通过讨论大学教育的意义，分析国内外高校的校训，让学生明确学习目标，树立为个人理想奋斗、为国家建设努力的人生信念。课后要求学生给家长写一封信，分享自己的大学生活、学习计划和理想，学生以书信的方式跟父母沟通，表达对父母的理解和感恩。

Text A以课堂精讲、小组讨论和小组展示为主，Text B以快速阅读、线上测试为主。课前教师发布第一单元导学案，要求学生阅读发布在QQ群的英文版阅读材料和U校园平台的前测任务，让学生明确本单元的教学目标和教学内容。课中通过随堂单词小测试、小组讨论、小组活动展示等培养学生语言表达、团队合作沟通和思辨等素质能力。课后学生完成发布在U校园平台的后测练习和课后思考题，并给父母写一封信讲述大学校园生活和自己的目标，以此达到思政升化，让学生真正领悟大学教育的意义和肩负的责任。单元教学由课堂面授8个学时和线上4个学时组成，具体教学安排如下：

1. 课前2个学时（线上学习），教学内容如下：

（1）Read English version materials of Encouraging Learning and President Xi's words for youths in the 18th CPC National Congress.

（2）Study the new words, review the text and finish pretests online of U system.

（3）Think about the question "As college students, what would you do for your family and motherland?"

（4）Self-study online of Language system

2. 课中8个学时（课堂面授），教学内容如下：

（1）Words test and text study

（2）Characteristics of a speech：the use of pronouns/verbs/nouns；parallel structure

（3）Group discussion：why do we go to college?

（4）Listening exercises

（5）Unit project：research on university mottos

（6）Structure analysis and writing：a paragraph with a topic sentence supported by details

（7）Paragraph translation of Confucianism

（8）Fast reading practice of Text B

3. 课后 2 个学时（线上学习），教学内容如下：

（1）Watch two famous speeches：Barack Obama's speech "why do we go to school" and Steve Jobs' speech in the graduation of Stanford, and think about the question "Why do we go to college?"

（2）Finish post-tests online of U system.

（3）Write a letter to your parents talking about your university，teachers，classmates，plans and goals.

（4）Self-study online of Language system

（五）教学评价

教学评价包括自我评价、他人评价与教师评价相结合、量化评价与质性评价相结合、形成性评价与终结性评价相结合、即时评价与延时评价相结合。课前通过完成网上自主学习和发布在 U 校园平台的前测任务培养学生自主学习的能力；课中通过随堂小测试进行即时评价，通过小组讨论和小组展示进行学生自评、学生互评和教师评价等质性评价方式，培养学生口头报告、演讲等语言表达能力和团队合作沟通、思辨等素质能力；课后通过完成小组任务和发布在 U 校园平台的后测练习进行教师质性评价和机器自动评分等量化评价，培养学生勤奋、钻研的学习态度。期末结合笔试终结性评价帮助学生树立求真务实、学术诚信意识。

新时代的大学英语教育，以立德树人为首要目标，在线上线下教学中融入思想政治教育，在培养学生的语言运用能力的基础上注重提升学生的人文素养，培养学生的综合素质能力，以实现学生的全面发展。课程思政育人理念下的大学英语混合式教学要深挖课程育人元素，将其引入语言教学中，陶冶学生的情操、培养学生的家国情怀、帮助建立正确的思想价值体系；通过QQ群、U校园、蓝鸽线上系统等在线教学形态，强化课程设计，利用各种线上线下的有效教学资源，引导学生进行探究式与个性化学习，从单纯的知识传授向知识、能力和素质的全面培养转变。

第二节 全方位育人与大学英语"课程思政"教学

在大学课程思政体系建设的过程中要求各类课程都必须与思想政治理论课程同步进行。大学英语不仅是一门语言课程，还是一门隐性的思政课程，其对于提升学生的思想觉悟、文化素养和道德品质都具有非常重要的促进作用。基于此，该文首先对"课程思政"和"全方位育人"这两个理论基础进行了阐述，并对目前大学英语教学中存在的问题进行了分析，最后从大学英语课程体系的特点和课程优化等方面对大学英语"课程思政"教学模式的探索与实践进行了探讨，希望能够为广大的大学英语教育者提供参考的建议。

一、"课程思政"与"全方位育人"

在全国高校思想政治工作会议上，习近平主席就强调了在高校教育中必须将立德树人作为中心环节，并在大学教学的各个环节中贯彻落实思想政治教育工作，从而有效地实现全程育人和全方位育人的重要教学目标。"课程思政"这种新型的教育理念也因此被正式提出。这就要求在大学课程建设过程中也应当贯彻落实这一理念，从而有效地满足国家战略需求，为我国的社会主义建设培养更多高素质、高水平、高觉悟的创新型外语人才。

那么什么是"全方位育人"呢？其主要以习近平总书记在重要讲话当中的理念为主，即高校必须要培养德才兼备、全面发展的人才。由此可见，在高校教育当中不仅需要加强教授学生的专业知识和技能，让学生有"才"，还需要加强对大学生进行思想政治教育，提升大学生的素质，让大学生有"德"。实际上世界上不论是任何教育观念，在这一点上还是具有很大的共同性的。例如，在通识教育观当中将全方位育人描述为：每个人都应当要拥有知识、态度和技能的教育。而在1945年发表的《自由社会中的通识教育》当中在谈及通识教育就是要让学生具有能力和达到标准这一话题时，就从道德、理智、生活和情感等方面进行了具体的阐述，并指出通识教育所培养出的人才不仅需要具备独立的思考和判断能力、清晰的说服和沟通能力，同时需要具备辨识普遍性价值的认知能力。这就要求所培养的人才不仅需要具备良好的文化素养，同时需要具备高尚的道德品质和较高的审美意识。并且在全人教育中还摒弃了传统教育当中的功利性，倡导学生必须要自我实现，从而进一步促进了人与人之间的跨文化理解。在20世纪60年代的后现代主义思潮当中也将学习者的社会批判能力作为培养人才的重要目标之一，要求学习者应当要在批判当中加深对自我和社会的认知，然后对世界多元性进行认同，以此来提升自身跨文化意识的养成。同时其还主张教育应当要让受教育者具有社会责任感，促使社会的和谐发展。

而"课程思政"的教育观念和上述的这些教育观点都具有相同的核心思想，都是强调人才的全面培养，提升人才的社会服务意识，进而更好地实现自我价值。

由于我国长期受到应试教育的影响，在大学英语教学中过于注重理论知识的灌输，其具有较强的功利性。通过相关调查表明，很多的大学生在大学期间学习英语的主要目的都是能够在考试和求职当中取得一个好成绩，很少会有学生学习英语是为了去利用英语去进行国际交流。这些都表示了我国当前学生学习英语动机的功利性比较强，个人未来的良好发展就是他们英语学习的动力来源。这项研究虽然不能表示什么，不过依旧具备着一定的普遍性。

由于目前我国大学英语教学中，教师的教和学生的学都具有一定的功利性，导致在实际的英语教学中教学的关注点存在一定的偏差。这一现象具体表现以下两个方面：首先就是在实际英语教学过程中，英语的人文色彩被大大地弱化了，从而导致学生学习主体地位也没能充分地发挥出来，使得教学的主导依旧是教师，而教学的主要目标是成绩，所有的教学活动都是围绕着考试来开展；社会对于英语人才需求的不断变化，使得大学英语教学表现得非常的浮躁，很多高校都会将大学英语课程和专业课程进行整合，形成英语教育的主流特色。同时大学英语教学还带有较强的职业培训和技能培训的特点，不过语言不只需要具备较强的工具性，同时还得具备人文性。

二、大学英语"课程思政"教学模式探索和实践分析

（一）大学英语课程本质特点分析

由于大学英语课程的思政特性是隐性的，因此，在"课程思政"教育体系之下，应当要在其实际教学过程中渗透社会主义核心价值观，同时需要加强英语学科的文化性，这样才能够将外语教学的文化本性及英语课程的育人功能充分地展示出来。相关研究表明，我们需要以包容和理解的态度去学习和了解文化，并且不断地加强语言学习的社会责任感及对本族文化的认同和理解，这样能够很好地促使学习者自我认同，提升他们的整体素质。而怎样才能充分地体现这种文化性并且取得实际效果是我国学术界一直在分析探索的问题，其核心还是"以人为本"这一理念。要想更好地展示出大学英语课程的文化价值，那我们首先就得明确其教育目的，然后就是需要积极地转变传统大学英语教学模式中对教师和学生进行重新定位，由于在实际的教学过程中，教师和学生是处于主体间共存的关系，因此，在大学英语教学的过程则是师生围绕着教学内容平等对话和交往的过程。在大学英语教学过程中，我们必须得加强重视学生综合人文素养的提升，使得他们清楚地感受到生命的价值，促使学生情感方面不断地发展，最终形成一种协调美好的生态式发展循环。

（二）不断地优化大学英语课程

在课程思政体系下，大学英语课堂建设应该具备着以下几种改变和思考：

（1）除了语言知识教学以外，课程内容要尽可能的丰富，并且得合理地渗透思政课的核心思想，充分地展示出其文化性。同时需要适当地增加我国政治、经济、文化和历史等

方面的内容，这样可以有效地增强学生的文化自信。最后就是在英语教学当中适当地增加一些中西方文化对比的相关内容，这样可以加深学生对文化多样化的理解，同时也能够更好地提升学生的文化适应能力。

（2）教学过程应该尽可能地进行扩展，其中需要具备知识理解和获取、发展与创新等环节，这样对于学生的批判性思维的培养有着极大的作用。

（3）调整好师生之间的关系，尊重学生的主体地位。在实际大学英语教学过程中，必须得改变将学生看成是被动接受知识的观念，然后通过超星学习通平台、图书馆资源等引导学生进行自主学习，从而有效地提升学生的自主学习能力。

（4）转变评价方式。传统以考试成绩为主的终结性评价方式弊端非常的明显，这种评价方式对于学生学习效果的评价不够全面，严重地影响到学生的主观能动性发挥。因此，必须得积极地转变评价方式，不仅需要应用师评，同时还可以应用学生自评和同学互评的方式进行评价，以此来有效地改善学生的情感态度，提升他们各方面的能力。

（三）重视教师专业素质的提升

教师专业素质和教学水平直接关乎教学质量，因此加强教师的各方面培养十分的有必要。首先就需要让教师清楚地认识到思政教育不仅不会影响到大学英语教学活动和教学效果，同时还会不断地深化教学内涵；另外，教师还必须要通过学习不断地提升自身的专业素养和精神气质，进而提升思政教学的水平，在实际的教学过程中更好地将大学英语和思政教学相结合。同时教师还应当要做到言传身教和教育育人，不断地熏陶和感染学生的审美、思想以及情感等；最后就是需要组织教师形成团队，进行统一讨论和调研，并且合理地制定课程思政背景下大学英语的教育目标、教学方法等，使得大学英语教学能够真正地和思想政治课程共同进步和发展，为学生的全面发展奠定扎实的基础。

综上所述，我们从我国每次英语教学改革的历史中可以发现，每一次的革新都并非易事，人们在不断探索前进的过程中也一直遭受着各种挫折。如今的大学英语"课程思政"体系的建设也是如此，在不断探索和实践的过程中也遭受着各种坎坷和曲折。但是我们必须要相信通过广大教育学者的不断努力和积极探索，一定能探寻出一套适合我国高等教育发展的大学英语"课程思政"体系，进而为我国的经济社会的发展培养出更多有思想、高素质和该觉悟的创新型外语人才。

第三节　英语学科核心素养下的课程育人价值

近年来，学生核心素养如何发展，成为广受热议的话题，包括我国在内的诸多国家以及地区均在探索核心素养的落实途径。核心素养的概念源于世界经济合作组织于2003年颁布的《核心素养促进成功的生活和健全的社会》，但我国关于核心素养的尝试和发展起步则较晚。教育部于2014年颁布的《关于全面深化课程改革落实立德树人根本任务的意见》指出：核心素养是学生应具备的适应终身发展和社会发展需要的必备品格和关键能力，突出强调个人修养、社会关爱、家国情怀，更加注重自身发展和社会发展需要的必备品格和关键能力。同时，因为不同的学段、年级及学科的学习内容的差异，各级各类学校要从实际情况和学生特点出发，把核心素养和学业质量要求落实到各学科教学中。

就英语学科而言，如何解读并通过课堂教学活动落实英语学科核心素养的内涵，推进英语学科教学实现部分或者全部的"育人目标"，是摆在英语教育教学相关人士面前需要解决的一个关键问题。

一、英语学科核心素养

中国学生发展核心素养以"全面发展的人"为核心，分为文化基础、自主发展、社会参与三个方面，综合表现为人文底蕴、科学精神、学会学习、健康生活、责任担当、实践创新六大素养。核心素养的达成离不开各学科内部以及跨学科的核心素养的完善。学科核心素养指的是通过学习某学科的知识与技能、思想与方法而习得的重要观念、关键能力和必备品格，是研制课程标准的关键。可见，学科核心素养也并非停留在学科知识的习得，也关系到了观念、能力、品格的塑造。课程标准的研制有赖于学科核心素养的发展，深入理解学科核心素养将促进课程标准的研制，进而推动课程的有效实施，最终落实到"人"——学习者的全面发展。

但是，实用主义和功利主义的根深蒂固使得学科核心素养中所提及的观念、能力、品格长期得不到重视，学科知识的记忆、学科成绩的提高一直处于中心地位，课程模式呈现出工具理性的色彩。就英语学科而言，在充斥着英语"工具论""无用论"等论断的当今社会，如何发展英语学科核心素养，是摆在一线英语教师、英语教研员甚至更广泛的群体面前的亟须解决的问题。事实上，学习英语的意义是多元取向的，只从实用角度来断定英语教育的意义是站不住脚的。将关注点从宏观的核心素养转向相对具体的、微观的英语学科核心素养，除了英语学科的工具性之外，英语学科的人文性也是亟待探讨的，而其人文性正体现在学科核心素养中所关注的意识、观念、能力及品格之中。

英语学科核心素养分为语言能力、文化品格、思维品质和学习能力。其中，语言能力是学科基础，文化品格是价值取向，思维品质是心智特征，学习能力是发展条件。若以此四个素养来理解传统的、应试型的英语教育，那么结果显而易见：传统的、应试型的英语教学只是抓住了语言（英语）能力，甚至仅是抓住了应对英语考试的能力，未能深入发掘隐藏在语言背后的文化因素、批判和创新思维的作用，甚至是综合学习能力的提高。

二、RICH 课程改革

浙江师范大学外国语学院 RICH 课程改革始于探索对传统精读课教学模式的改变。RICH 课程是由"研究式学习"（research-based learning）"整合性课程"（integrated curriculum）"合作式学习"（cooperative learning）"人文素质的全面提高"（humanistic outcomes）四个方面构成的。作为现成的英语课程模式，经过十几年的发展，RICH 的影响力在不断扩大，经过创新发展后的 RICH 课程在多所中小学、高校得到应用、创新。在 RICH 课程中，"人文素质的全面提高"是其课程发展的目标，而"研究性学习""整合性课程"和"合作式学习"作为目标达成的重要途径而存在。

RICH 课程从课程模式上看，属于基于协商的课程。首先，学生可以充分地参与课程过程中的各项决策。学生作为"人"的发展在课改过程中得到重视，其批判性思维、创造性思维等得到极大激发。其次，学生的语言学习效果在个人经历和体验中得到提升，知识能得到有效的自主建构和内化。对照核心素养研究课题组发布的中国学生发展核心素养的三大方面，RICH 课程既夯实学生的文化基础，促进学生的自主发展能力，又强调学生的社会参与和体验。而且，RICH 课程体系紧紧围绕"人的发展"这一主题，利用英语进行基于课题的意义学习，并将所学进行分享。该体系充分结合了英语的工具性和人文性，在不摒弃工具性的基础上发展其人文性，在不削弱人文性的过程中有效利用工具性。

三、英语学科核心素养背景下的 RICH 课程的育人价值

话题探究、社会交流——加强"语言能力"从英语学科核心素养各项内涵的排序上看，语言能力是处于英语学科的基础地位而存在的，并引领其他素养的发展。英语学科核心素养中的语言能力的培养不再是基于听、说、读、写等各项语言技能的孤立发展，语言能力培养的环境也不仅仅局限在固定的教材上的语言操练，而更多地强调在真实语境和社会生活中运用语言的能力。

在 RICH 课程体系中，首先，语言能力的发展已不局限在语法层面，也不局限于固定教材和教法，而是通过学生兴趣和需要进行话题学习，从枯燥的教材中跳出来，寻找有趣的话题进行学习、讨论和分享，化无趣的作业为有趣的任务，让学生在课堂内外的任务体验中掌握语言知识、整合及运用语言知识，从而发展语言能力。其次，RICH 课程范式下的学习最大的特点就是融于社会情境，它促进学生在真实的语境下积极用英语交流思想、表达情感，让学生在社交活动中锻炼自己的语言表达能力，从而使所学内容通过交流得到进一步巩固。最后，就 RICH 话题探究的目的而言，学生并非是要通过研究寻得一些标准答案，而是重视研究和学习的过程，追求对知识理解的过程。RICH 课程有与英语学科核心素养中关于语言能力发展的地方，但也极具前瞻性地发展了超越语言能力、从单纯的英语学科延伸出的跨学科、深层次的探究式教学，使得学生在"探究学习"过程中让自身的

综合语言运用能力得到提升。

人文关怀、融合课程——提升"文化品格"语言本身就是一种文化,也是文化的载体。无论是固定的教材,还是学生感兴趣的材料,每一份英文材料中都渗透着各种各样的文化。有较好的文化输入与输出的英语课程,才能有效培育和提升学生的文化品格,从而促进个人价值的升华。而个人文化品格的提升则不仅是个人价值的体现,更是社会发展的标志。因此,英语学科核心素养中的文化品格是具有个人和社会双重价值取向的。

在教学活动开展的形式上,传统教学模式下的教师对学生的知识传递是单向的、枯燥的。但是RICH课程中的教师要做的远远不是简单的知识的传递,而是在学生开展话题学习的过程中引导学生进行有效的知识建构。教师及其所教的学生均是鲜活的人,拥有类似的经历,而这些都将无形地影响教师的教学。显然,在教学效果、师生关系等方面,师生间感同身受式的互动远比教师单向传递知识式的教学来得好。并且这种人文关怀是潜移默化、影响深远的。在课程(资源)的整合上,通过语言课程的融合、学科的融合、学习与生活经历的融合,RICH课程中的学生通过基于兴趣的"话题搜集""探讨"及"课堂报告",能够接触到不同学科领域的知识,将"生活经历"进行提炼、带进学习中。结合英语学科学习的"跨文化"特点,如果学生能够有效地把握、吸收如此丰富的学习资源,与单纯游走在"英语学科"内部的学生相比,RICH学生的视野和胸怀会更加开阔,跨学科、跨文化意识会更加强烈,文化品格上的优势将更加明显。

深入探究、合作学习——培养"思维品质"英语学科核心素养中的思维品质是学生心智特征的体现。多年的应试教育饱受诟病的地方之一,便是对学生思维品质培养的不够重视。但是,思维品质是知识在学生头脑中生成的推进器,训练思维尤其重要。

英语作为获取知识的工具,能帮助学生进行学习,但知识如何内化到学生头脑中,甚至在内化之后被学生进一步深化和创新,是值得思考的。这一思考的过程正是思维品质训练的黄金时期。在RICH课程中,探究性课程的发展是有效训练学生思维品质的重要途径。这种探究式教学以让学生实现理解世界为目的,打造一个跨学科知识体系,从而促进学生探究和创新意识的生成,锻炼学生的探究和创新能力。学生的知识在由低阶走向高阶的同时,思维也在不断地得到提升。

认为个人的发展仅仅是个人之事的观点显然有误。思维与合作是同时出现的,个体内在的思维活动与外在的合作是一体的两面,合作学习对发展高层次的认知有促进作用。在RICH合作学习中,知识以群体的方式存在。在教师的指导下,学生为了同一个目标进行话题确定、材料整理,最终将成果多形式地呈现于课堂内外。这些具备不同知识结构、思维方式及认知风格的学生在合作讨论中擦出集体智慧的火花,最终凝结成集体智慧的结晶。在这一过程中,学生不仅掌握了语言知识,而且锻炼了创新性思维、批判性思维、决策能力、评价能力等思维品质,更难能可贵的是体验到了合作学习带来的快乐。

发展"学习能力",实现"育人价值",学生通过英语学科的学习不仅仅是为了丰富知识储备,在学习过程中养成的学习能力和学习习惯对其终身发展起着至关重要的作用。通过对 RICH 课程的研究发现，在 RICH 教学实践中，学习能力的培养与其对学生语言能力、文化品格和思维品质的培养有着共同的特征："润物细无声"，育人于潜移默化之中。而这是传统"填鸭式"教学所欠缺的。

在传统的教学实践中，知识和技能的培养往往与态度、观念及从学生长远利益考虑的学习能力培养脱节。英语学科教育教学通过多年发展，显然已经超越曾经只关注知识的阶段，教育者也知晓了态度、学习能力的重要性，但在把握"态度""观念""学习能力"这样无形的概念时，仍是以一种有形的、直接的灌输方式将其传递给学生，自己的任务似乎也就结束了。学生并未真正感受到这些观念、能力内化进自身的过程，而是像接受教师"教"予的知识一样，知道了这一"知识点"，显然处于被动状态，而缺乏引导也使其无法将这些"能力"有效运用在学习、生活中。

RICH 课程正是学生学习能力极大促进的一种课程模式。一方面，学生通过自主的英语阅读、写作及思考，进而准备话题，完成对话题的研究；另一方面，学生能够用英语展现所学知识，或能有效完成交际任务。学生的自主学习能力和语言表达能力被逐步提升的过程显然不是通过"灌输方法"来实现的，而是在自主学习中逐步潜移默化的。RICH 课程蕴含着学以致用（learning for doing）和寓学于用（learning by doing）的教育价值。学科育人价值不仅以学生的发展为取向，也从长远角度关注到人才对于社会发展的作用，英语学科的育人价值也不例外。在 RICH 课程中，正是这种"学"与"用"的相互促进，使得学生不仅得到学习能力的提升，满足了对于"个人全面发展"的渴望，最终更是推动了学生社会价值的实现。

综上所述，该研究从英语学科核心素养的各具体内涵的角度审视 RICH 课程的育人价值。作为现成的课程模式，RICH 课程中的学生能通过对自选话题的探讨，既发展"语言能力"，又锻炼"思维品质"；通过整合性课程的学习，吸收多元学科知识以及多元文化的熏陶，提升"文化品格"；通过合作学习，创设和谐的学习群体，在合作中促进"学习能力"，最终实现学生"人文素质的全面提高"，达成其育人价值。RICH 课程也不是静止的，其内容、内涵需要更进一步的发展，在新的时代背景下继续焕发其活力，实现其人文愿景。

第四节 协同育人：大学英语"课程思政"教学

在大思政背景下，强化大学英语课程思政是满足大思政要求的重要措施。通过在大学英语课程开展知识能力培养和思想政治教育双重功能，能够全面培养大学生的三观。大学英语作为一门外语语言课程，将会涉及外国人的人文习俗、价值观念等，通过研究大学英语课程思政模式，能够实现知识传授与价值引导的有机结合。

2016 年 12 月，习近平总书记在全国高校思想政治工作会议上指出"要把思想政治教育工作贯穿教学全过程，实现全方位育人的教育目标"。课程思政是响应全程育人的重要方式，在大学英语教学过程中融入思政教育，是落实课程思政的重要途径，是高校开展思政教育新局面的重要基石。

一、课程思政与思政课程的概述

随着开始实施大思政教育理念，思政课程与课程思政迎来同行发展趋势。思政课程就是校内的思想政治课程，也是学校开展思想政治教育的主要方式。但随着大数据时代的到来，学生接收到的信息越来越多，单靠思政课程的教育难以进行全面引导，这时候课程思政就是协助思政课程的最佳选择。通过在各类其他课程中开展课程思政，能够有效落实高校思想政治教育工作，也能根据实事进行引导，从而提升思政教育质量。其中，通过在各类课程中开展思政教育，能够满足提升学生综合能力的需求，为促进培养全面发展的人才提供了力量。

二、大学英语"课程思政"建设条件

大学英语是通识必修课，也是一门公共基础课，在高校中具有覆盖面广、课时多的特点。通过将思政教育与大学英语进行有效结合，能够引导学生正确认识国内外价值体系，通过进行对比，能够客观认识当代中国和全面看待世界。

（一）大学英语课程具备思政教育隐性课程的功能

语言是一种文化载体，也就是意识形态的载体。大学英语是一门语言，在传授语言知识的过程中会带有价值观的输出，通过将思政教育与价值观有效结合起来，能够帮助学生建立文化基因和价值范式。因此，通过语言学习的过程中融入思政教育，能够有效改善思政教育效果和避免学生产生抵触心理，能够潜移默化改变学生的价值观、人生观、世界观。

（二）大学英语同思想政治教育目标具有统一性

大学英语是兼具工具性和人文性的课程，既能帮助学生拓宽知识，又能引导学生更好地看待中国与世界的异同，既能提高学生基本技能，又能促进学生全面发展。由此看来，大学英语与思想政治的教育目标具有统一性，都是为了培养全面发展的合格建设者，因此，在大学英语开展课程思政很有必要。

三、协同育人：大学英语课程思政教学模式的设计与实践

（一）教学模式设计

教学模式是教学活动结构框架和活动程序，要想实现系统教学，就必须要构建科学合理的教学模式，这样才能在教学过程中合理开展思政教育。本人将大学英语思政教学模式分为三个阶段，分别是课前挖掘、课中融入、课后巩固。第一，课前挖掘。通过教师对教材进行深入分析和挖掘，能够将单元课本中蕴含的思政教育元素与相关思政教育资源有效

整合起来，这样就能通过网络教学平台让学生进行课前自习。第二，课中融入。通过设计教学活动相关环节，能够让学生与教师进行良好交流，进而能够更好地将思政教育融入大学英语课堂教学中。课中环节共分为三个部分，分别是思政导入、师生讨论、教师反馈。思政导入就是教师通过结合课文传递的思政话题进行教学活动设置，这样就能引发学生对相关话题展开思考；师生讨论是结合思政话题来提供讨论支架，引导学生展开思辨讨论；教师反馈指的是教师将各小组的观点进行梳理、归纳、总结，帮助学生在讨论过程中建立相关价值体系。第三，课后巩固。教师可以在课堂尾声时布置课后任务，让学生能够在课后对相关知识进行巩固和延伸，进而能够将其内化成为思想政治素养。

（二）教学实践案例分析

1. 课前挖掘

思政教育主要就是培养学生诚实、负责、感恩的精神，因此大学英语教师在开展英语教学前需要进行教材挖掘。举个例子，在进行全新版《大学进阶英语1》第一单元"The pursuit of Dreams"教学时，教师需要先了解这篇阅读能够开展哪些思政教育。如第一篇主课文"Deaf DJ"，这篇文章主要讲的是主人公Robbie Wilde虽然失聪，但是没有放弃打碟师的梦想，并最终实现梦想的事情。通过这篇文章可以挖掘出挑战自我、勤奋、永不放弃、追逐梦想等精神；然后教师可以利用网络收集有关思政教育资源，在网上教学平台开展课前自习教学，主要资源包括"Deaf DJ"译文、语言点PPT等教育资源。

2. 课中融入

然后在课堂互动环节设置有关"Deaf DJ"的思政教育内容。第一，在导入环节，教师可以播放有关Helen Keller（海伦·凯勒）的视频资料，通过设置两个问题来引发学生进行思考，问题一：If you were as blind and deaf as Helen Keller, What dream would you like to come true? 问题二：And how can you come true your dream?，这样就能让学生明白梦想的实现需要顽强拼搏、永不放弃的精神。第二，在讨论环节，教师可以结合文中Robbie Wilde的励志故事引导学生展开讨论，通过让学生了解Robbie Wilde是怎样实现自己的梦想来帮助学生领悟信念、梦想的生命力，培养学生积极乐观、挑战自我的优秀品质。第三，在反馈环境，教师可以就学生对Robbie Wilde发表的来进行总结归纳，然后进一步深化对学生的人生观教育。

3. 课后巩固

让学生思考怎样才能将自己的梦想与生活练习起来，进而实现思政教育与实际相联系的教学目标。

第五节　高职英语"课程育人"的三重内涵

　　高职英语"课程育人"跨越通识教育、职业教育和外语教育三大相关领域。因而高职英语"课程育人"概念具有三重内涵：其一，它具有三重课程属性，即通识教育的人文性、职业教育的实践性和外语教育的国际性；其二，它涵盖三重教学内容，即高职"基础英语""行业英语"和"致用英语"课程载体；其三，它追求三重育人目标，即为培育学生的人文素养、职业素养和国际素养目标服务。

　　"课程育人"概念在不同的研究视角下呈现出多维内涵：在课程与教学含义的演进关系视角下，课程育人是课程与教学从分离走向整合的现代教育革新；在课程与教学研究的发展趋势视角下，课程育人是当代课程与教学共同关注的时代教育改革论题；在课程与教学目标的发展整合视角下，课程育人是三维目标和学科核心素养的应然价值追求；在教育功能形成与释放的价值规律视角下，课程育人是回归教育本质和初心的基本行动路径；在我国教育目的的统合层次视角下，课程育人是新时代落实立德树人根本任务的教育实践方略；在教育哲学的后现代范式变革视角下，课程育人是教育哲学世纪转向中的实践价值关怀。

　　那么，什么是高职英语"课程育人"呢？很明显，高职英语"课程育人"论题包含三个关键词："高职教育""英语课程"和"课程育人"。因此，高职英语"课程育人"要表达的基本含义是：在"课程育人"的教育理念下，在"高职教育"的类型情境中，发挥"英语课程"的育人功能。具体而言，高职英语"课程育人"具有三重本质属性、涵盖三重教学内容、追求三重育人目标。

一、高职英语"课程育人"的三重属性

　　"高职英语"是"高等职业教育学生必修的一门公共基础课程"。具言之，高职英语课程涉及通识教育、职业教育和外语教育三大领域，具有典型的"跨界"特征。在"立德树人"和"课程育人"视角下，其本质是面向高职院校所有非英语专业学生开设的一门文化基础课、职业素养课和英语实践课，它具有文化基础课的通识教育属性、职业素养课的职业教育属性和英语实践课的外语教育属性，或者可以说，高职英语课程具有通识教育的人文性、职业教育的实践性和外语教育的国际性。

（一）高职英语是一门增强学生人文素养的基础课

　　高职英语课程具有通识教育的一般属性，主要表现为人文性。"通识教育"这一概念的本源可以追溯到古希腊时期亚里士多德提出的"自由教育"（liberal education）。当时"自由教育"是指"自由人的教育"，即适合"自由人"兴趣、需求和责任的教育，是一种"精

英教育"（education for the elite）和"博雅教育"（general education），而非"大众教育"（education for the working class）和"职业教育"（vocational education）。自19世纪中期以来，科学知识的迅猛增长促使"专业教育"（professional education）成为必需。在此背景下，"自由教育"演变成了"普通教育"（general education），逐渐具备了当代"通识教育"的属性和特征，但其一脉相承的某些精神仍然存在，即自由教育的精神。这些精神主要包括三个方面：一是人道主义精神，即自由教育是以人为本、以人为目的教育，而不是以人为物、以人为工具的教育，应该具备浓厚的人文气息和深沉的人文关怀。这种人道主义精神还包括尊重学生个性和个体差异，主张因材施教和因需施教，反对标准化和均质化；二是民主主义精神，即自由教育本身主张人人平等、师生平等，自由教育以反对专制教育为目的，自由教育是培养民主公民和建设民主社会的基础；三是理性主义精神，即自由教育需要渗透理性的陶冶，自由教育倡导的自由是以理性为基础的自由，自由教育的目的在于发展人的理性。因此，自由教育反对感性的滥用、欲望的放纵和秩序的混乱。对高职英语课程而言，其通识教育的属性主要体现在：高职英语是一门承载中外人文知识以强化学生文化素养的基础课。

（二）高职英语是一门发展学生职业素养的实践课

高职英语课程具有职业教育的类型属性，主要表现为实践性。"职业教育"是一种"给予学生从事某种职业或生产劳动所需要的知识和技能"的特殊类型教育。它的对应概念是"学术教育"，两者同属于"专门教育"（相对于普通教育），但在性质上有根本区别：职业教育的主要功能是将学生导入以职业为载体，以工匠为主体，以物品设计、生产、交换及服务技艺、技能、技术训练与应用为主要内容的工作体系，而学术教育的主要功能是将学生导向以学科为载体、以学者为主体、以知识理论的传承和创新为主要内容的知识体系。因此，职业教育课程开发的过程必然伴随着"学科体系"（知识体系）的"解构"和"行动体系"（工作体系）的"重构"。此外，与"普通教育"相比，职业教育具有自身的特征，即针对特定工作岗位的职业定向性、满足经济发展需求的动态适应性、基于实训实操设施的高昂成本性、基于校企合作发展的社会开放性、面向社会大众群体的全民需求性。其中的开放性、实践性和应用性与外语教育关联甚密。对高职英语课程而言，其职业教育的属性主要体现在：高职英语课程是一门依托外语教学活动，以发展学生职业素养为目的的实践课。

（三）高职英语是一门培育学生国际素养的外语课

高职英语课程具有外语教育的跨国属性，主要表现为国际性。外语教育具有典型的跨国、跨区域和跨文化性，是"面向世界"的教育。在日益增多的世界矛盾与冲突、交流与合作中，英语作为"世界普通话"，是政治、经济、文化、科技、民生等众多领域重要的交流工具，发挥着国际通用语的强大功能。当代世界教育思潮演变的趋势是：从"学会生存"到"学会关心"、从教育的科技和经济取向到教育的社会价值取向、从"国家主义教育"

到"国际理解教育"、从阶段性教育到终身教育。其中的人本性、价值性、国际性和终身性与职业教育紧密关联。职业教育虽然是一种培养一线技术技能人才的专门教育，但绝不是"满面尘灰烟火色，两鬓苍苍十指黑"的卑微教育，也不是"破帽遮颜过闹市，漏船载酒泛中流"的次等教育。因此，职业教育也需要积极培育学生的开放理念、国际意识和外语素养，这是增进职业教育人本意蕴、增加职业个体从业乐趣、拓展职业生涯发展视界、实现人人出彩职业目标的重要手段。对高职英语课程而言，其外语教育的属性主要体现在：高职英语课是一门放眼世界、自然、人事，以培育学生国际素养的外语课。

二、高职英语"课程育人"的三重内容

高职英语"课程育人"的三重属性决定了其教学内容的多元性和层次性，需要与之相匹配的课程体系予以承载。

高职英语课程体系中最重要的是三类教学资源，即三类高职英语课程载体：一是重在培育学生人文素养的高职"基础英语"课程，二是重在培育学生职业素养的高职"行业英语"课程，三是重在培养学生国际素养的"致用英语"课程。当然，三类课程资源对应的三维育人目标也有诸多重复交叉之处，只是侧重点各不相同而已。

（一）高职英语涵盖重在增强学生人文素养的"基础英语"课程

高职基础英语课程资源一般可供全校各专业通用（注：中职生源、社会生源等学生群体需单独加工整合），基础英语开设历史最长，最早源自本科院校的"大学英语"，最能体现通识教育的人文性，课程目标重在增强学生的综合人文素养。课程内容涵盖英语语音、词汇、语法、修辞等语言知识，要训练包括听、说、读、写、译等各项语言技能，涉及中西比较视域下的中华文化与欧美文化及价值观的传播、比较与学习等。基础英语课程内容选择与组织的基本原则是：贴近时代、贴近生活和贴近学生，实用为主、够用为度。

（二）高职英语涵盖重在发展学生职业素养的"行业英语"课程

高职"行业英语"一词是在我国高职教育从规模扩张转向内涵建设的大背景下，与国内高职英语课程教学改革紧密联系的特色"新概念"，是ESP教学应用于高职外语教学领域而催生的特色"新变体"。"行业英语"课程在高职院校的萌生和发展有其"系统理据"，而近年来中国高职教育英语课程教学高端管理层在公开发表的系列宏观调控论文中关于高职"行业英语"课程设置的结构模式及实践形式的政策指令，促使该课程的开发与实施成为国内高职院校英语课程建设与教学改革的热点、重点和难点。

高职"行业英语"课程全校分专业开设，如医护英语、IT英语、艺术英语、机电英语、汽车英语、经贸英语等。"行业英语"最能体现职业教育的实践性和应用性，重在发展学生的职业素养，要点是职业精神、敬业精神、工匠精神、奉献精神等。

（三）高职英语涵盖重在培育学生国际素养的"致用英语"课程

本节涉及的高职"致用英语"这一概念是指为满足高职院校有较高个性化英语学习需求的学生而开设的独立于基础英语和"行业英语"之外的一种课程类型，包括"专升本英语""竞赛英语"（含口语竞赛、写作竞赛等）"出国英语"（或称国际交流英语）等，具有典型的应用性、个性化、多样化、动态化特征，体现了高职教育因材施教、因需施教的人本关怀，重在培养学生的竞争与合作精神、自主发展能力、交流创新能力、国际视野与情怀等核心素养。

三、高职英语"课程育人"的三重目标

高职英语"课程育人"的三重属性和三重内容决定了它必然要为培育具有"三种素养"的高职教育人才目标服务：高职英语课的通识人文性要求它为培育具有人文素养的能够"沟通"普通教育与职业教育的"跨界复合型"人才目标服务，高职英语课的职业实践性要求它为培育具有职业素养的能够"贯通"理论知识与工作实践的"理实一体型"人才目标服务，高职英语课的外语国际性要求它为培育具有国际素养的能够"融通"全球视野与家国情怀的"内外兼修型"人才目标服务。

（一）高职英语要为培养有人文素养的"跨界复合型"人才目标服务

高职英语课所具有的通识教育人文属性特征，决定了该课程必须强调基础性、文化性、人本性和价值性，为培育有人文素养的能够"沟通"职业教育与普通教育的"跨界复合型"人才目标服务。

高职英语是高职学生必修的一门文化基础课，而高职教育要培养的是面向生产生活一线的技术技能型专业人才，两者在表面上关联甚小。那么，高职教育课程体系中为何要开设与自己的人才培养目标关联不大的公共文化基础课呢？其原因在于：设置文化基础课是普通教育与职业教育彼此沟通的需要。这也是我国进行《现代职业教育体系建设规划（2014—2020）》方案为何要将"职业教育与普通教育沟通"作为一项重要内容的原因。同时，职业教育与普通教育是两种不同的教育类型，人才培养目标也各不相同，这是两类教育独立存在的差异性特色。但不管两者的差异有多大，它们都是教育学的研究范畴，都以人为实践对象，都关注人的全面发展，都要尊重人成长成才的客观规律，等等。因此，职业教育和普通教育不可能永远是"泾渭分明"的状态，也常有"合流"的可能和需要。那么，两者"合流"的通道或沟通的"接口"在哪里？这个关键的通道或接口就是教育的培养对象所具有的共同的知识基础、文化心理和成熟人格。

高职文化基础课的知识基础功能易于理解，其文化心理和个体人格功能表现为：文化基础课是职业教育培育会文化心理和完善个体人格的需要。无论多么专业化的教育（职业教育也无例外），都不应忽视对人的全面素质的培养，职业教育在训练个体职业能力的同时，必须将学生作为"人"来培养。事实上，任何职业活动和工作过程都是在一定的社会文化背景下开展的，任何产品都嵌上了制造者的人格烙印。正是基于这一理念，许多教育家在论述职业教育时都非常强调人文素质的重要性，反对职业教育过度专业化。如美国教育哲学家杜威强调职业教育内容的多学科整合和教学方法的综合运用；美国教育家孟禄（Paul Monroe）也强调在提升工人劳动效率的同时，切勿忽视对工人的人格陶冶；我国教育家邹韬奋也主张在进行职业教育时不可只关注工作效率和社会效率，也应关注人的精神世界。此外，自1962年以来联合国教科文组织在关于职业教育的建议书中都认为职业教育不仅要为学生有效就业做准备，而且要为学生终身学习以及成为一个合格的公民做准备。我国也在党的十九大报告中强调，要大力"弘扬劳模精神和工匠精神"。这些都说明文化基础课对职业教育可持续发展的重要价值。

简言之，文化基础课成为职业教育与普通教育的沟通"牵线搭桥"，高职英语应将培养能够自由行走于职业教育与普通教育之间的人才作为一项育人目标。

（二）高职英语要为培养有职业素养的"理实一体型"人才目标服务

高职英语课所具有的职业教育实践性特征，决定了该课程必须突出社会适应性、职场导向性、工作情境性和实践应用性，为培育有职业素养的能够"贯通"英语理论知识与涉外工作情境的"理实一体型"人才目标服务。具体实践方略是"两个基于"和"两个突出"：

基于典型工作领域和学生学习兴趣的项目情境创设。以高职"机电行业英语"课程为例，其项目情境设计需要首先打破机电专业的学科知识结构，以机电行业涉外活动中的典型工作领域来重新创建。该行业的典型工作领域主要包括机电市场调研、设备操作与维护、产品设计与开发、产品检验与认证、产品广告与营销、产品交付与售后服务等。这些是课程项目情境创设的载体。

基于主要工作任务和教育认知规律的项目模式建构。项目与工作任务的匹配模式是项目设计首先要解决的问题。职业教育项目课程按照项目与任务的关系可分成循环式、分段式和对应式三种常见设计模式，不同的模式反映出项目之间的不同组合关系和项目模块的不同组织结构。基于高职英语课程的性质与目标、行业典型工作任务和学习认知规律，可将行业英语课程分为"走近职场""模拟职场""体验职场"三大活动模块。

突出学而能用和学以致用教学目标的项目内容选择。最新的高职英语课程教学要求指出："高职英语课程不仅要帮助学生打好语言基础，更要注重培养学生实际应用语言的技能，特别是用英语处理与未来职业相关的业务能力。"因此，行业英语课程在项目内容选择上至少应突出"两个衔接"：一是与学生现有英语水平相衔接；二是与学生未来职业需求相衔接。前者解决"学得会"问题，即学而能用；后者解决"用得上"的问题，即学以致用。在此基础上，兼顾学生未来发展的"持续可用"目标。

突出语言技能训练和职业能力培养的项目活动设计。"行业英语"项目课程跨越职业教育和外语教育两大工作领域，在项目活动设计时需兼顾两类教育的基本规律，需要将英语听、说、读、写、译等语言技能训练融于项目职业能力训练的各个环节，在项目载体、任务驱动的情境下培养学生的"行业英语"应用能力，探索和破解职业院校英语课程教学中"教师厌教、学生厌学"的问题，探索"教师乐教、学生乐学"的对策。

（三）高职英语要为培养有国际素养的"内外兼修型"人才目标服务

高职英语课所具有的外语教育国际性特征，决定了该课程必须融通本土化与全球化、民族性与国际性，为培育有国际素养的能够有效"融通"全球视野与本土行动、国际意识与家国情怀的"内外兼修型"人才目标服务。

面对当今世界渴求和平与发展的主旋律、机遇与挑战并存的新形势，高职英语作为我国高校外语教育课程体系的重要组成部分，必须担当起有效融通全球视野与本土行动、国际意识与家国情怀的育人功能。这意味着高职英语"课程育人"工作需要运用一系列更为柔性的教育教学方法走进学生的心灵，整合学生的生活经验和现实境遇，对学生开展专业知识、思想政治和道德品质教育工作，以便有效影响学生的情感、态度、价值观、认知模式和行为习惯等。加强和改进"课程育人"工作，必然牵动教学质量检测与评价体系的改革问题。"课程育人"的"泛"课程性，决定了教学评价的原则性与普遍性，"课程育人"的原则性表现为，基于专业的人才培养目标、正确的政治方向、自觉贯彻党和国家的教育方针、学生全面健康发展的质量观等，这是教学评价的根本原则；"课程育人"的普遍性是指任何一门课程的教学，都要将育人置于首位，将正确的价值观、成才观渗透到教学全过程，引发学生的认知共鸣、情感共鸣、价值共鸣。据此，所有课程都要建立和完善以社会主义核心价值观为统领的课程教学评价体系，"情感目标"和"认知目标"要相互交融，"思政标准"和"学科标准"要同向同行，筑起又红又专、德技双馨的"同心圆"。

综观全文，高职英语"课程育人"的三重课程属性、三重教学内容和三重育人目标虽然可以分开论述，但其内在逻辑却是密不可分的，三者彼此关联构成一个完整的系统结构。高职英语"课程育人"的本质就是在"立德树人"教育根本任务的统领下，遵循"课程育人"教育理念的一般规律，构建高职英语"课程育人"的"三三三"实践机制：一是落实和落细高职英语课程特有的三大属性，即文化基础课的通识教育属性、职业素养课的职业教育属性和英语实践课的外语教育属性，这是高职英语"课程育人"的基点、起点和切入点；二是开发和建设基于三大属性的三类课程育人教学资源，即基础英语、行业英语和致用英语，这是高职英语"课程育人"的载体、内容和方略；三是聚焦和实现高职英语"课程育人"着力发展的三大育人目标，即通识教育的人文素质、高职教育的职业素养和外语教育的国际素养，这是高职英语"课程育人"的落点、目标和归宿。

第六节 "课程思政"融入大学英语课程教学路径

高等教育的根本目的是立德树人，立德树人目标的实现不仅要依靠大学思政课程及活动，还需要其他学科通过课程思政，来全方位协同。在大学教育过程中，各学科要深入挖掘学科内的思政教育素材，与思政课一起从多角度完成立德树人教育。英语，作为大学教育阶段的基础必修课，受众面广且学时长，是课程思政重要辅助科目。教师要深入挖掘英语学科中的思政教育元素，协同思政课，实现全方位、全员化的育人目标。

2016年，习近平总书记在全国高校思政政治工作会议上指出，要坚持立德树人为核心，把思政教育贯穿教育的全过程，以实现育人的全过程、全方位。在实际教学中推行课程思政，挖掘教材中蕴含的思政元素，利于学生在英语知识学习过程中挖掘语言背后的意识形态，以帮助学生辨是非、分善恶，进而提升思想道德素养，实现全面发展。

课程思政是一种教育理念，是指各学科教师在教学时，以思政政治理论为指导，深入挖掘学科思政素材，使社会主义核心价值观与学科内容进行结合，并展示于课堂教学中，以走进学生心里，协同思政课程实现全方位、多角度的育人目标。

一、大学英语"课程思政"的必要性

德是一个人学习、生活、工作之本，目前社会对人才的要求已将德放在首位，美德与才能兼具才是社会需要的高素质人才。高校的教育目标是立德树人，所谓立德，就是培养学生良好的道德品质，使学生坚定社会主义核心价值观，拥护共产党的领导。高校的立德树人教育直接影响学生的成才。在高等教育大众化的时代，大学生获得信息的渠道更广泛，容易受一些不良思想影响，他们不认可中国的传统优秀文化，并表现出冷漠、理想淡化、道德偏差、行为缺失等不同问题。学生的问题只是表象，归根结底是教育问题。语言是文化的体现，能有效传递文化，语言和文化相互依存。英语作为一门世界通用性语言，其中也蕴含着丰富的思想文化，体现一定的道德观念。学生进行英语知识学习后，不仅要学会用英语进行交流，还要挖掘语言背后的文化本质，将其与中国传统文化进行对比，以正确客观进行文化分析。在新形势下，进行大学英语课程思政，能通过英语基础知识的传授，让学生了解中国和西方的价值理念，理解不同国家及民族的文化都有优有劣，要学会辨别，要继承文化精华。大学英语课程思政，能激发学生的爱国情感，提高学生的民族自豪感，帮助大学生树立正确世界观、人生观和价值观，使其形成社会主义核心价值观自信和中华传统文化、制度自信，进而成为未来国家建设的接班人。

二、大学英语"课程思政"的可行性

（一）大学英语与"课程思政"的本质吻合

大学英语教学指南对英语学科性质进行了描述，即大学英语是高校人文教育的一部分，具备人文性和工具性双重特性，教师在教学时要深入挖掘英语学科的人文内涵，以实现人文性与工具性的有效统一。教学指南描述的英语学科的人文性就是注重人的综合素养培养，能有效制约传统英语教学轻育人的弊端。英语的学科本质与"课程思政"的本质吻合，因此在实际教学中，可以将社会主义核心价值观内容融入英语教学中，以挖掘英语学科的人文内涵，通过语言和跨文化意识的传授，对学生进行潜移默化的思政教育，使学生能深入了解中华优秀传统文化，树立文化自信，进而提升人文素养。

（二）大学英语与"课程思政"的内容契合

大学英语的内容主要包括通用英语、专门用途英语、跨文化交际三大模块，三大模块都体现了英语的工具性功能和人文性特征。通用英语模块主要培养学生的国际视野、家国情怀、人文精神等；专门用途英语主要培养学生的职业技能、职业素养、诚信精神等；跨文化交际模块主要培养学生的跨文化交流能力，通过不同背景文化知识的讲授，使学生形成跨文化交流意识。大学英语三个模块的知识内容除了进行综合素养培养外，还涉及了中国文化、历史、风俗，欧洲文化及英美影视欣赏等内容。大学英语课程内容与"课程思政"的内容契合，具备较强的人文教育价值，在培养学生跨文化意识的基础上能增强学生对不同文化的理解，通过对比，增强民族自信，并通过英语交流提高中国优秀传统文化在国际的影响力，将中国优秀传统文化发扬光大。

（三）大学英语与"课程思政"的功能一致

大学英语是高等教育重要组成部分，对促进大学生综合发展有重要作用。大学英语作为学生在大学学习阶段的基础必修课，其教学目标是通过英语语言知识和文化知识的传授，使学生拓宽视野，培养文化素养，以实现高校的教育功能。大学英语的潜在教育功能符合"课程思政"的教育目标。

三、"课程思政"融入大学英语的路径

（一）通过教师关键因素进行融入

教师是落实"课程思政"的关键因素，教师要了解英语学科所蕴含的思政素材及价值，之后根据教学内容进行融入，以实现大学英语课程思政的目标。在实施课程思政时，教师要先明确课程思政的教育目标，再挖掘英语学科的思政教育功能和价值，以增强自身的教育使命感。大学英语教学本身也是育人的过程，将思政意识渗透进来，使英语学科的育人价值更具效用。首先，教师要加强思想政治理论知识学习，深刻领会习近平总书记的讲话内涵和中国梦的意义，并用社会主义核心价值观武装自己，通过完善自我，提高思想觉悟，以不断进行课程思政教学改革。其次，教师要有德育意识。教师要强化自己作为大学教师的使命感，将德育教育纳入日常教学规划中，在提升自身文化底蕴的基础上，在英语知识传播的同时融入文化价值传播，以突出英语学科的隐性教育与语言教育的相通性。最后，教师要发挥立德树人的主动性，主动挖掘大学英语教材的德育资源。教师先从课程中提炼思政教育素材，再依托网络甄选思政元素，以融入英语教学中。通过课内思政素材与课外思政素材的整合，能突显英语课程思政教育的政治性和人文性。教师可以组织学生学

习十九大报告英文版，可将英文版的报告内容整合到课堂教学中，在提高学生社会主义核心价值观认同的基础上对学生进行爱国主义教育，以实现英语教学与思政教育的统一。

（二）通过学生核心因素进行融入

英语课程进行课程思政的主要目的是进行人才培养，因此在课程思政融入大学英语教学时，要以人才培养为核心，即通过学生核心因素进行融入。教师要明确，在教学时应突显学生的主体地位，关注学生的认知情况和思想需求。首先，加强学生对英语课程性质的认知，改变英语是单纯工具学科的认知，强化英语学科人文性的认知。学生在课堂上不仅要学习语言知识，还要培养道德素养。其次，教师在教学过程中不能只是进行知识的简单讲授，要通过情感融入让学生从情感上接受英语知识，认同课程蕴含的内涵，体验英语的人文本质，以升华情感。最后，学生的思想政治教育是一个系统性的长期工程。英语教师，作为高校教师队伍之一，有义务进行学生德育培养，要通过社会热点话题、学生生活等话题进行思政教育融入，以提高学生的思想政治觉悟，发展学生的综合素养，使学生成为具备理论自信、文化自信、制度自信和道路自信的青年。

（三）通过课堂载体元素进行融入

课堂是教师教学、学生学习的主要场所，教师可以在课堂上通过宏观与微观内容的结合进行思政融入。在宏观层面上，教师可以通过全球化、科技、人际关系等的渗透引入文化自信、科技创新、积极生活态度等，以通过语言知识引领精神理想。在微观层面，教师可以通过语言解析过程中的思政素材的融入，将思政教育贯穿课堂教学的全过程，使课程思政有效落实到课堂中。首先，教师以现实问题为驱动，从社会现实问题入手进行话题的组织，并将思政素材融入其中，使学生在分析问题、解决问题的过程中，依托问题背后的文化底蕴培养优良品格。其次，教师应用思辨模式进行课堂教学，让学生在思考和用英语表达的过程中提高语言应用能力，提高思想品格。如在讲授 The Icy Defender（《冰雪卫士》）时，教师可以先从宏观的层面引出长征精神，之后让学生探讨交流，通过分析总结，以小组为单位进行结果展示。这样，学生不仅能提升英语表达能力，还能了解中国历史，使英语课堂成为思政教学的有效辅助。

（四）通过课外延伸元素进行融入

"课程思政"融入大学英语需要课堂教学与课外拓展结合，通过课堂主渠道和课外辅助，为学生创造思政教育的大环境，以发挥大学英语课程的育人功能。首先，教师要树立榜样作用，为学生营造课堂思政教育的环境，使学生在环境中受到鼓舞。其次，教师要组织多元化多形式的英语文化活动，并将思政理论知识融入其中。如举办马克思主义原著诵读会、思政主题英语角等，让学生在多元化的课外活动中践行品格教育。最后，教师要利用网络平台进行思政拓展，通过微信群等关心学生的学习情况、身体状况、思想动态等，以促进学生的全面发展。

总之，大学英语作为高校教学体系的重要组成部分，对大学生思想政治教育有重要的促进作用。大学英语与"课程思政"本质吻合、内容契合、功能一致,协同性强。在教学中,可以通过教师、学生、课堂、课外活动等方面进行思政融入,以提高大学英语思政教育能力,实现大学英语课程思政的育人功能,从英语学科角度促进学生的品格发展。

参考文献

[1] 张学新.对分课堂:大学课堂教学改革的新探索[J].复旦教育论坛,2014,12(05):5-10.

[2] 汪军,严晓球.近十年来国内大学英语大班教学研究综述[J].教育学术月刊,2011(11).

[3] 杨淑萍,王德伟,张丽杰.对分课堂教学模式及其师生角色分析[J].辽宁师范大学学报(社会科学版),2015(09).

[4] 张博雅.对分课堂:大学英语课堂教学改革的新思路[J].科学与财富,2015(12):803.

[5] 柴霞.基于"对分课堂"的大学英语教学实践与反思[J].曲阜师范大学公共外语教学部,2016(06).

[6] 谷陟云.罗杰斯的人本主义教育观及其启示[J].现代教育科学,2009(10).

[7] 陈爱梅.人本主义学习理论及对外语教学的启示[J].辽宁师范大学学报,2003(3).

[8] 王健芳.外语教学改革与实践[M].南京:南京大学出版社,2016.

[9] 孙立伟.对数字化教学资源建设的思考[J].新西部,2007(12).

[10] 杜振华.英语资源服务器及网络语音室的安全管理与实践[J].中国科教创新导刊,2008(1).

[11] 李建萍.分级教学背景下大学生英语词汇学习策略的调查和分析[J].黄山学院学报,2009(8):99.

[12] 汤闻励.非英语专业大学生英语学习"动机缺失"研究分析[J].外语研究,2012(1):70-75.

[13] 李艳,韩文静.孔子因材施教的教育思想简述[J].吉林教育学院学报,2008(4):39.

[14] 刘英爽.国际化背景下大学英语跨文化教育的瓶颈和转型趋势[J].教育评论,2016(7):115-117.

[15] 王汉英,胡艳红,徐锦芬.美国康奈尔大学外语教学观察与思考[J].教育评论,2015(7):165.

[16] 秦秀白,张凤春.综合教程3(学生用书)[M].上海:上海外语教育出版社,2014.

[17] 王允庆,孙宏安.高效提问[M].高等教育出版社,2016.

[18] 赵周，李真，丘恩华. 提问力 [M]. 北京：电子工业出版社，2018。

[19] 陈帅. 大学英语修辞教学探析 [J]. 湖北经济学院学报，2013（9）：203-205.

[20] 王涛. 大学英语教学中英语修辞格的赏析 [J]. 英语广场，2013（10）：97-99.

[21] 夏俊萍. 浅析大学英语教学中学生修辞鉴赏能力的培养 [J]. 吉林工程技术师范学院学报，2014（10）：68-70.

[22] 张红. 浅谈英语教学中常见的修辞 [J]. 教师，2015（11）：47-48.